본능
스위치

본능 스위치

고객의 무의식을
사로잡은
히트 상품의 비밀 86

하쿠호도 히트 습관 메이커스 지음
정문주 옮김

RHK
알에이치코리아

프롤로그

"옳은데 재미없는 건 좋은 기획이 아니야.
옳으면서 재미도 있어야 해.

그런데 말이야,
옳지 않은데 재미있으면 그게 진짜 최고지."

꽤 오래전 이야기인데, 세상을 삐딱하게 보던 크리에이티브 디렉터 선배가 쓸쓸한 웃음을 지으며 이런 말을 한 기억이 난다.
당시에는 '무슨 소리야?' 하는 생각이 들었지만, 왠지 그 말만은 계속 머릿속 한구석에 남아있다.

요즘 일을 하다 보면, '옳은지 아닌지'가 세상일의 기준이 된 것 같은 느낌이다. 디지털화의 영향일까? 사람들은 효율적이고 합리적이며 도덕적인 것을 우선시한다. 그게 아주 중요하다는 사실은 알지만, 가슴이 설렐 기회는 줄어들고 있는 것 같다.

나는 만담을 좋아한다. 만담은 나쁜 짓 하는 사람, 실수하는 사람, 성격이 뒤틀린 사람까지 '못났지만, 그럼에도 사랑스러운 인간'의 존재를 인정하고 웃어넘기기 때문이다. 너무나도 인간적인 냄새가 강해서 마음이 움직이는 것 같다. 아마 그래서 한 시대를 풍미한 만담가 다테카와 단시(立川談志, 1936~2011) 선생이 '만담은 인간의 업을 긍정하는 작업이다'라고 말했는지도 모른다. '부자(父子) 술'이라는 고전 만담이 있는데 줄거리는 이렇다. 술을 좋아하는 아비와 아들이 있었는데, 아들의 술버릇이 나빠 아비가 함께 술을 끊기로 했다. 그러던 어느 날 밤, 아들이 외출한 사이에 아비는 결국 참지 못하고 일을 내고 만다. 처음에는 홀짝거리기만 했으나 어느새 인사불성으로 취해 버린 것이다. 이윽고 외출했던 아들이 돌아오는데, 아들도 아비와 마찬가지로 술독에 빠진 모양새였다. 아들의 모습을 본 아비는 혀 꼬부라진 소리로 "이놈! 아까부터 얼굴이 여러 개로 보이는구나. 너 같은 도깨비에게 내 집을 내줄 것 같으냐!"라고 날뛰었다. 그러자 아들이 이렇게 대꾸했다. "뭐라고? 나도 말이야, 이렇게 빙글빙글 도는 집은 필요 없어!" 뒤는 생략하겠지만, 만담에는 이런 이야기가 한둘이 아니고 하나같이 재미있다. 관객 누구나 비슷한 경험이 있다 보니 다들 재미있게 여기는 것이리라. 그렇다. 인간은 누구나 '못난 구석이 있지만, 그럼에도 품을 수밖에' 없다.

이는 인간의 본능과 관련이 있다. 술을 끊으려 하다가도 마시고 마는 것, 다이어트를 선언하고도 케이크에 손이 가는 것. 이는 모두 이성과 본능의 대립에서 본능이 이겼기 때문에 생기는 일이다. 그렇다면 본능은 어떻게 이성을 이기는가? 뇌의 구조를 알고 나면 쉽게 이해할 수 있다. 뇌는 양파 같은 구조로 이루어져 있는데, 한가운데에 동물 뇌가 있고 그 주위를 인간 뇌가 덮고 있다. 동물 뇌는 본능을, 인간 뇌는 이성을 관장하는데 동물 뇌의 역사가 더 길기에 자신도 모르게 결과를 주도하기 쉽다. 그런 의미에서 보면 '못났지만, 그럼에도 사랑스러운 인간'은 자연의 섭리다. 부끄러워할 일이 아니라는 말이다!

인간 뇌와 동물 뇌[1]

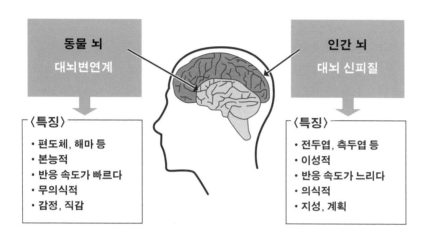

나는 광고회사에서 마케팅 일을 하면서 성공한 마케팅 사례에는 논리적으로 설명하기 어려운 요소가 담긴 경우가 많다는 사실을 알게 되었다. 굳이 스틱을 뽑아서 재떨이에 버려야 하는 번거로운 가열식 담배는 왜 유행하는 걸까? 치약에서는 왜 민트 맛이 날까? 에너지 드링크는 왜 색이 독특할까?…. 여기에는 언뜻 쓸데없어 보이는 성공 요인이 숨어있다.

이렇게 언뜻 보기에는 쓸데없지만, 결국 자신도 모르게 갖고 싶어지게 만드는 연출을 '본능 스위치'라고 명명했다. 그리고 우리 히트 습관 메이커스 팀원들이 평소 업무를 통해 알게 된 다양한 본능 스위치의 구체적인 사례를 모아 이 책에 소개했다. 여러분이 만들어 낼 제품과 서비스를 한층 더 매력적으로 만드는 데 좋은 힌트가 되었으면 좋겠다.

광고대행사 하쿠호도 히트 습관 메이커스
리더
나카가와 유

차례

2장   민트형 본능 스위치

3장 컴포트형 본능 스위치

4장 댐형 본능 스위치

5장 아날로그형 본능 스위치

6장 세리머니형 본능 스위치

7장 사례 연구

1장
본능 스위치란?

구체적인 사례를 소개하기 전에 다시 한번 '본능 스위치'의 개요를 설명해 둔다.

쉽게 말해 본능 스위치란, 인간의 본능을 자극하는, 언뜻 보면 소용없는데 사람을 끌어당기는 장치를 말한다. 조금 더 쉽게 설명하기 위해 나의 전작 《자는 동안에도 팔리게 만드는 '습관화'의 마법》²에서 소개한 습관화의 연쇄 작용에 관해 잠깐 언급하겠다.

습관이란 무의식적으로 반복하는 행위를 말한다. '아침에 가스 밸브를 잠갔던가?', '오늘 약을 먹었나?', '문을 잠갔었나?' 하는 것처럼 돌이켜 생각했을 때 헷갈리는 일은 누구에게나 있다. 이는 머리에 문제가 있어서 그런 것이 아니라 우리 생활에 그 습관이 뿌리내렸기 때문이다. 사람의 뇌는 의식적으로 계속 무언가를 생각하면 지치고 만다. 그래서 일부 행동은 무의식에 맡김으로써 효율적으로 에너지를 절약한다. 이렇게 뇌가 에너지를 절약하는 방식이 바로 습관화다.

《자는 동안에도 팔리게 만드는 '습관화'의 마법》에는 습관화의 메커니즘이 오른쪽 그림과 같이 정리되어 있다. 그림 속 '계기'는 습관을 싹틔우는 출발점이고, '루틴'은 계기가 생긴 뒤에 이뤄지는 구체적인 행동이며, '대가'는 습관을 붙임으로써 얻을 수 있는 구체적인 장점이다. 가령 헬스장에 다니는 사람을 예로 들면, 계기는 '매주 금요일 밤', 루틴은 '근력 운동', 대가는 '건

습관화의 연쇄 작용

강하고 아름다운 몸'이다. 여기까지는 비교적 쉬운 얘기다. 문제는 '촉매'다. 이는 습관을 실천하는 동안 '해당 행위를 하고 있다는 실감' 또는 '쾌감'을 안겨다 주는 무언가를 가리킨다. 헬스장에 다닌다면 '온몸에서 개운하게 땀이 빠져나가는 현상' 등을 들 수 있다. 사실 이 같은 촉매 없이 습관을 들이기는 상당히 어렵다. 왜냐? '건강하고 아름다운 몸'이라는 대가를 얻기가 쉽지 않기 때문이다! 일주일이 지나고 이 주일이 지나도 변화는 없고, 싫증은 나고…. 애초에 사람은 결과가 따라야 보람을 느끼는 생물이다. 중도 포기하지 않으려면 '온몸에서 개운하게 땀이 빠져나가는 현상'에서 느껴지는 '상쾌함'이 매우 중요하다. 눈치챈 사람도 있겠지만, 이때의 촉매가 바로 이 책의 주제인 '본능 스위치'다. 촉매라는 말을 그대로 써도 되지만, 살짝 전문 용어의 느낌을 주고자 이 책에서는 본능 스위치라는 이름으로 바꿨다. 따라서 앞으로는 본능 스위치라는 표현을 쓰기로 한다.

방금 설명한 대로 본능 스위치는 즐거움과 상쾌함을 예기치 못한 방식으로 끌어낸다. 우리가 분석한 바에 따르면, 본능 스위치는 크게 다섯 가지 유형으로 나뉜다. 민트형, 컴포트형, 댐형, 아날로그형, 세리머니형이다.

그럼, 순서대로 살펴보자.

다섯 가지
본능 스위치

❶ 민트형 본능 스위치

옛말에 '약은 입에 쓴 법'이라 했다. 신빙성이 있는 말인지는 모르겠으나, 쓴맛이 나면 왠지 효과가 있는 것처럼 느껴진다. 이처럼 강한 자극으로 효과를 실제보다 더 크게 느끼게 하는 것이 '민트형' 본능 스위치다. 민트형이라고 이름을 붙인 이유는 대표 사례인 치약 때문이다. 치약에 들어가는 민트가 특별히 기능적인 효과는 없지만 '양치질 후에 치아가 깨끗해진 느낌'을 주어 자꾸만 치약을 쓰고 싶게 만드는 데서 힌트를 얻은 것이다.

❷ 컴포트형 본능 스위치

누구나 에어 캡, 일명 뽁뽁이를 터뜨리며 논 기억이 있을 것이다. 딱히 뭔가 얻을 수 있는 것도 아닌데 멈출 수가 없는 손장난이다. 톡톡 터뜨릴 때 느껴지는 쾌감이야말로 '컴포트형' 본능 스위치다. 컴포트형은 민트형과 비슷하지만, 민트형이 향신료 같은 강한 자극을 준다면 컴포트형은 자신도 모르게 기분이 좋아지는 본능 스위치다.

❸ 댐형 본능 스위치

가계부 앱은 모든 금융 서비스와 연동되어서 가계부가 자동으로 관리되며 자산 총액의 추이가 그래프로 나타난다. 이 그래프가 상향 곡선을 그리는 것을 보고 싶어서 지출 관리법이나 재테크 방법에 관심을 가지는 사람도 많다. 이처럼 성장하고 있다는 느낌을 그래프나 수치를 통해 시각적으로 호소하는 것이 '댐형' 본능 스위치다. 댐에 물이 모이듯 자기 실적이 차곡차곡 쌓이기에 이렇게 이름 지었다.

❹ 아날로그형 본능 스위치

디지털화의 진척으로 세상은 점점 편리해지고 있다. 하지만 편리함이 지나치면 자신이 특정 행위를 하고 있다고 실감하거나 고마움을 느끼지 못하게 된다. 예를 들어 전자 결제 서비스를 이용하기 위해 카드 단말기에 휴대전화 등을 갖다 댔을 때 삐 소리가 나지 않는다면 어떨까? 제대로 결제됐는지 불안할 것이다. 이처럼 편리한 디지털 서비스에 '사용하고 있다는 실감'을 더해주는 것이 '아날로그형' 본능 스위치다.

❺ 세리머니형 본능 스위치

앞서 설명한 네 가지 본능 스위치는 동물 뇌에 직접 작용하지만, '세리머니형'은 간접적으로 작용한다. 세리머니는 '의식 절차'라는 뜻으로, 정해진 단계대로 일을 진행하는 행위를 말한다. 특정 의식을 거치면 과거의 기억이 되살아나 그때의 쾌감을 다시 느낄 수 있다. 이처럼 간접적으로 동물 뇌에 작용하는 것을 세리머니형 본능 스위치라고 이름 붙였다.

조금 어려운 이야기일 수도 있으나, 구체적인 사례를 보면 금방 이해할 수 있다. 기업이 선보이는 새로운 상품이나 서비스 이면에 실로 많은 아이디어와 궁리가 숨어 있었다는 사실에 새삼 감탄하게 될 것이다. 이 책에서는 그러한 사례를 다섯 가지 본능 스위치 유형으로 분류해 소개했다.

우선 각 사례별로 본능 스위치가 활용된 사진이나 그림을 제시한다. 일단 그 단계에서 '여기 숨어 있는 본능 스위치는 뭘까?'라고 유추해 보기 바란다. 그런 뒤, 정답과 대조해 보자.

또 사례별로 아래와 같은 공식이 적혀 있는데 의미는 다음과 같다.

먼저 공식의 왼쪽 변을 보자. 첫 항목은 대상이 되는 상품이나 서비스가 어떤 장점을 가지고 있는지를 나타낸다. 상품이 사용자에게 가져다줄 효과를 알려주는 것이다. 그리고 다음 항목에서는 그 장점이 한층 더 실감 나게 느껴지도록 연출하기 위해 다섯 가지 본능 스위치 유형 중 어떤 것을 활용할지를 특정한다. 예를 들어 '기분이 좋아진다'는 장점이라면 컴포트형 본능 스위치를 활용한다는 이야기가 된다. 세 번째 항목에는 본능 스위치를 적용하는 장소가 나와 있다. 이는 상품의 물성이나 패키지, 네이밍 등 어디에 아이디어가 구사되는지를 보여준다. 그리고 그것들을 취합한 결과가 오른쪽 변에 나오는데, 구체적으로 본능 스위치의 내용이 무엇인지를 보여준다. 이상의 내용도 본문 사례를 보아야 이해가 쉽다.

참고로 본능 스위치가 꼭 하나만 적용되는 것은 아니므로 본문에 설명된 본능 스위치 외에도 여러분이 발견한 새로운 본능 스위치가 있을 수도 있다.

정답을 맞히려 하기보다는 자유로운 발상을 즐기면 좋겠다.

후반에는 여러분이 본능 스위치를 능숙하게 사용하는 데 도움이 되는 실천적인 사례를 살펴볼 수 있도록 몇 가지 예를 준비했다. 자신이 실제 기획자라는 생각으로 공식에 맞춰가며 해당 상품의 본능 스위치를 여럿 떠올려 보기 바란다. 그 후, 본능 스위치를 적용하는 방법을 차례로 추가 체험해 보면 된다. 상품의 매력이 점차 커지는 과정을 체감할 수 있을 것이다.

자, 이제 모두의 동물 뇌를 사로잡을 본능 스위치를 찾아 진짜 여행을 떠나보자!

2장

민트형
본능 스위치

강한 자극을 주어
효과를 실제보다 크게
느끼게 하는 본능 스위치

? 치약의 본능 스위치는?

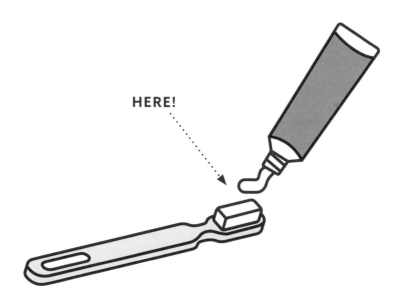

HERE!

양치질할 때마다 입안에 퍼지는
'시원한 민트 맛'

양치질을 하려면 일단 칫솔 위에 치약부터 묻힌다. 이는 남녀노소를 불문하고 누구나 매일 하는 행동이다.

치약은 오래전부터 있었지만, 처음에는 쓰는 사람이 많지 않았다. 대부분 치약 없이 물만 적신 칫솔로 이를 닦았다. 치약을 묻혀 닦아도 아무 변화를 느끼지 못한 탓에 치약을 쓰는 것이 헛수고라는 생각이 들었기 때문이다. 그러던 어느 날, 펩소덴트(Pepsodent)라는 치약이 등장했고 이를 계기로 너도나도 치약을 묻혀 이를 닦게 되었다.

펩소덴트의 성공 원인은 무엇일까?

기존 치약은 치아를 건강하게 유지하는 성분은 들어있었어도 효과를 바로 느낄 수는 없어 굳이 계속 쓸 이유를 찾기 어려웠다. 그런데 펩소덴트에는 민트 맛이 첨가되어 있었다. 요즘 치약처럼 쓸 때마다 입안 가득 시원한 향이 퍼지는 치약이 탄생한 것이다.

민트 맛은 세정력과는 관계가 없다. 하지만 시원한 향은 '치아가 깨끗해진' 느낌을 준다. 치약을 묻혀 잠깐 닦기만 해도 효과를 실감할 수 있으니 계속 쓰고 싶은 마음이 들었고 이윽고 모든 이의 습관으로 자리 잡은 것이다.

이는 본능 스위치의 다섯 가지 유형 중 민트형이라는 이름의 유래가 된 본능 스위치의 대표 사례라 할 수 있다.

? 블루렛의 본능 스위치는?

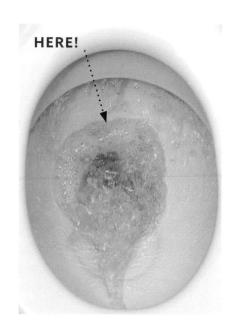

HERE!

화장실을 청결한 공간으로
진화시킨 '파란색 물'

1950년대 중반에서 1970년대 중반 사이의 고도 경제 성장기에 일본의 주거 공간은 몰라보게 진화했다. 아파트 단지가 급증하고 하수도가 정비되면서 화장실도 재래식에서 수세식으로 서서히 바뀌었다. 그때 탄생한 상품이 고바야시(小林) 제약의 화장실 세정제 '블루렛(ブルーレット)'이다. 당시만 해도 일본의 화장실은 '냄새나고, 더럽고, 어두운' 공간이었다. 반면 미국의 화장실은 완전히 달랐다. 수세식 변기에 '파래 보일 정도로 맑은 물'이 흘렀고, 좋은 향기가 났으며, 밝고 청결한 데다 쾌적했다. 그에 비해 일본은 화장실 후진국이었다. 이에 충격을 받은 고바야시 제약이 일본에도 수세식 화장실 문화가 생길 것으로 예측하고 만든 상품이 블루렛이다. 블루렛은 금세 일본 전역으로 퍼져나갔다.

이 '파란 물'에는 몇 가지 효과가 있다. 파란색은 색채 심리학적으로 상쾌함과 시원함을 느끼게 하고 마음을 가라앉히는 데에 도움을 준다. 기존의 불쾌했던 화장실이 쾌적한 장소로 변화했음을 느끼게 하는 데에 안성맞춤이라는 말이다. 또 색이 들어 있어 무색 약제와 달리 화장실이 정말 깨끗해졌음을 체감할 수도 있다. 파란 색소를 넣지 않고 무색으로 출시했다면 화장실 세정제가 지금처럼 널리 보급되지 않았을지도 모른다.

다만, 요즘은 대소변의 색으로 건강 상태를 파악하려는 사람이 늘면서 무색 세정제를 선택하는 이도 많다. 생활에 없어서는 안 되는 화장실이 앞으로는 어떤 모습으로 진화할지 자못 궁금하다.

이물질이 도드라져 보이는 면봉의 본능 스위치는?

HERE!

면봉은 귀 청소 외에도 세밀한 부위의 오염을 제거하는 데 없어서는 안 될 생필품이다. 요즘 흔히 볼 수 있는 검은색 면봉은 흰색 면봉에 비해 '오염물이 도드라져 보여서' 인기가 높다. 사실 면봉이 검은색이라야 닦아낸 오염물이 눈에 잘 띈다는 사실은 꽤 오래전부터 제조업체들 사이에 상식으로 통했지만, 생산으로까지 이어지지는 않았다.

그 이유는 검은색 면봉이 업계의 금기였기 때문이다. 면봉이 위생용품이라는 이유로 청결감을 가장 중시한 것인데, 하기야 새하얀 면봉 제조 공정에 검은색 면이 섞여 들어가기라도 하면 청결하다는 느낌은 확실히 반감될 것이다. 그런 연유로 일본에서 최초로 검은색 면봉을 개발한 기업은 검은 면봉의 제조 라인을 별도로 만들어 흰색 면봉 제조 라인과 완전히 격리함으로써 겨우 상품화에 이르렀다.

다른 색을 돋보이게 하는 검은색의 특성을 활용해 히트 친 제품은 또 있다. 예를 들어, 흰색 도마는 무나 두부 같은 흰 재료가 잘 보이지 않는다는 단점이 있었다. 그래서 색을 검정으로 바꿨더니 식재료가 눈에 잘 띄어 금세 히트 상품으로 부상했다.

생활 속 친숙한 상품 속에도 알고 보면 본능을 자극하는 비밀이 숨어있는 것이다. 자, 지금 여러분 주위에 있는 물건이 왜 그 색인지, 왜 그 모양인지를 생각해 보자. 숨은 본능 스위치가 그 정체를 드러낼지도 모른다.

(장점)	(본능 스위치 유형)	(적용 장소)	본능 스위치 ❗
오염물이 잘 닦였다는 느낌 ×	민트형 ×	상품의 색 =	업계의 금기였던 검은색

에너지 드링크의 본능 스위치는?

HERE!

몸이 아닌 마음에 작용하는
'선명한 색상'

28

지친 현대인에게 활력을 불어넣어 주는 에너지 드링크. 컬러풀한 패키지, 톡 쏘는 탄산, 상큼함을 넘어선 자극적인 맛 덕에 많은 사람이 즐겨 찾는다. 활력을 샘솟게 하는 듯한 효과를 더욱 끌어올리는 본능 스위치는 바로 선명한 음료 색상에 있었다.

영국의 웨스트민스터 대학교(University of Westminster)는 신체 활동과 음료 색의 관계를 연구했다. 당분이 함유된 동일 성분의 스포츠 음료를 투명한 것과 핑크로 착색한 것으로 나누어 마시게 한 뒤 운동 능력을 측정한 것이다. 결과는 핑크로 착색한 음료를 마신 쪽에서 운동 능력이 더 많이 향상된 것으로 나타났다. 핑크가 당분을 연상시켜 더 많은 에너지를 공급받는 듯한 착각을 일으켰음을 시사한다.

이처럼 색이 일으키는 심리 효과는 높은 운동 능력을 요구하는 스포츠계에서 주목받고 있다. 예를 들어, 유니폼이나 팀 컬러가 빨간색이면 공격성 또는 흥분을 유발해 승률이 높아진다는 연구 결과가 있다. 격투기의 타이틀 매치 등에서 빨간색 코너가 챔피언, 파란색 코너가 도전자로 정해진 이유도 챔피언은 파란색 코너를 보면서 냉정함을 유지하고 도전자는 빨간색 코너를 보고 투쟁심을 북돋우라는 의도가 담겨 있다는 설이 있다. 이왕 에너지 드링크로 활력을 끌어올릴 거라면, 그 선명한 원색을 의식하면서 마셔보는 것은 어떨까?

훼미리마트 치킨의 본능 스위치는?

HERE!

※현재는 디자인이 변경되었다.

패스트푸드 업계의 정석,
'빨간색 X 노란색' 조합

빨간색과 노란색 조합의 디자인을 보면 어쩐지 출출한 느낌이 든다. 일본 훼미리마트의 치킨뿐 아니라 패스트푸드 업체의 로고 디자인에는 빨간색과 노란색이 자주 등장하는데, 이는 빨강과 노랑 두 색의 조합이 심리적 작용을 크게 일으키기 때문이다.

먼저 음식의 색은 식욕과 밀접한 관련이 있다. 한 연구에 따르면, '식욕이 음식의 색에 영향을 받는다고 생각하는가?'라는 질문에 무려 남성 80.6%, 여성 92.4%가 관련 있다고 답해 음식의 색에 따라 식욕이 좌우되는 것으로 나타났다. 그중에서도 빨간색은 자극이나 식욕, 공복감을 일으키고 노란색은 행복감, 친밀감, 애정을 불러일으킨다. 그리고 빨간색과 노란색 조합은 속도감을 느끼게 해준다. 게다가 노란색은 낮에 가장 눈에 띄기 쉬운 색이고, 색은 문자나 그림에 비해 시각에 더 효과적으로 호소하기 때문에 우리는 자신도 모르게 패스트푸드에 끌리게 된다.

한편, 차가운 느낌을 주는 청색이나 청보라색은 식욕 증진 효과를 거의 일으키지 않는 색으로 알려져 있다. 다양한 식품 패키지를 보면 알겠지만, 파란색 같은 한색 계열은 거의 활용되지 않는 것이 현실이다.

이처럼 색이 미치는 영향은 매우 크다. 훼미리마트 치킨은 맛도 좋지만, 빨간색과 노란색을 활용한 디자인이 현재의 인기로 이어졌다고 해도 과언이 아닐 것이다.

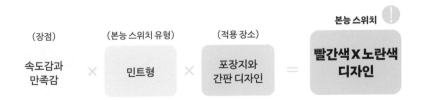

공기 청정기의 본능 스위치는?

HERE!

보이지 않는 공기 오염을
보이게 만든 '빨간색 램프'

집마다 한 대씩은 있다는 공기 청정기. 먼지와 냄새 제거는 물론 꽃가루와 미세먼지 문제 해결을 위해 구매하는 물건이다. 그런데 그 효과는 얼마나 실감하고 있을까? '공기 중의 먼지가 감소했다', '집안에서 냄새가 덜 난다', '꽃가루 알레르기 증상이 줄어들었다', '감기에 잘 걸리지 않게 되었다' 같은 효과를 꼽는 사람은 있다. 다만 이는 어디까지나 나중에 되돌아봤을 때 느끼는 것이지 공기 청정기를 실제로 사용하는 시점에 '와, 효과 좋네!'라고 실감하는 경우는 적지 않을까?

그런 사람들을 위해 공기 청정기에는 대개 사용하는 그 순간에 즉각적으로 효과를 실감할 수 있게 하는 장치가 있다. 바로 빨간색 램프다. 공기 오염을 감지하면 불이 들어오는 빨간색 램프는 눈에 보이지 않는 공기 오염을 시각화한 것으로 공기 청정기의 효과를 즉시 실감할 수 있게 해준다.

또 일부 헤어드라이어에 탑재된 파란색 램프도 눈에 보이지 않는 음이온을 시각화해서 머리카락에 윤기를 주고 있음을 은연중에 알린다.

이처럼 눈에 보이지 않는 효과를 실감하게 하려면 가시화 작업이 매우 중요하다.

일이 잘되는 카페의 본능 스위치는?

 집중력을 높여주는 좋은 잡음,
'백색 소음'

와이파이와 컴퓨터만 있으면 어디서나 일할 수 있는 시대. 집이나 사무실보다 카페에서 더 높은 집중력을 발휘하는 사람들이 많을 것이다.

사실 이는 사람의 집중력을 높이는 '좋은 잡음' 덕분이다. 잡음이라고 하면 나쁜 것으로만 생각하기 쉽지만, 개중에는 집중력과 이완 효과를 높여주는 잡음도 있다. 이를 '백색 소음'이라고 한다. 예를 들어, 문을 여닫는 소리나 도로를 달리는 자동차 소리 같은 작은 소리에는 신경이 쓰여 잠을 잘 수 없고 눈이 말똥말똥해지는데, 빗소리나 선풍기 소리가 울려 퍼질 때는 자신도 모르게 스르륵 잠에 빠져드는 경우가 종종 있다. 후자가 바로 좋은 잡음이다. 조용한 장소에 갑자기 잡음이 끼어들면 정신이 산란해지지만, 처음부터 적당한 잡음이 깔려 있으면 갑자기 끼어드는 소리가 묻혀들어 신경이 쓰이지 않게 되는 것이다. 사람은 너무 시끄럽지도 않고, 무음도 아닌 일정 수준의 소음 환경에 노출되면 창의적 사고를 관장하는 뇌의 기능이 자극되어 집중력이 높아진다고 한다. 한 실험에 따르면 카페의 잡음이 바로 그 일정 수준의 소음 환경에 해당하는 것으로 밝혀졌다. 집보다 카페에서 일이 더 잘되는 데에는 과학적 이유가 있는 것이다. 최근에는 그 '좋은 잡음'을 절묘하게 활용한 코워킹 스페이스도 등장했다. 늘 지내던 환경에서 일에 집중하기 어려워질 때는 오히려 잡음이 나는 장소를 찾아가는 것도 좋을 것이다.

신종 피트니스 센터의
본능 스위치는?

몰입감과 집중력을 끌어올리는
파격적으로 '어두운 조명'

미국에서 처음 등장해 일본, 유럽 등지에서 꾸준히 인기를 얻고 있는 신종 피트니스 센터가 있다. 특징은 상상을 초월할 만큼 조명이 어둡다는 점이다. 캄캄한 공간에서 체력을 단련하는 '다크 피트니스(Dark Fitness)'다. 이런 곳에 가면 주변 사람이 잘 보이지도 않는 클럽 같은 어두운 방에서 귀가 먹먹할 정도로 큰 음악을 틀어놓고 피트니스 복싱이나 스핀 바이크로 격렬하게 몸을 움직이는 이들을 볼 수 있다. 일부러 조명을 낮춰 어둡게 한 것이 포인트인데, 주위 시선을 신경 쓰지 않고 정신없이 몸을 움직일 수 있어 기분 좋은 몰입감을 얻었다는 체험자들의 후기가 많다. 책상 위에만 조명을 켠 어두운 학습 환경이 집중력을 높여주듯이 주변을 어둡게 만들어 시야에 들어오는 정보량을 줄여서 몰입감과 집중력을 느끼기 쉽게 만드는 것이라고 할 수 있다. 이외에도 일부러 어둠 속에서 몰입감을 연출하는 예가 있다. 어둠 속에서 감각을 예민하게 작동시켜 천천히 미식을 맛보는 '다이닝 인 더 다크(Dining in the Dark)'라는 레스토랑 형태다. 체험자들은 입을 모아 '미각이 해방되고 상상력을 자극받았다'라고 말한다. 캄캄한 환경이 오히려 식사 체험의 가치를 높였다는 것이다.

심리학자 케네스 J. 거겐(Kenneth J. Gergen)은 이렇게 어둠이 사람을 개방적으로 만들고 다른 사람과의 일체감을 얻기 쉽게 하는 현상을 '어둠의 효과'라고 이름 붙였다. 어둠의 가능성에 주목하면 새로운 비즈니스를 탄생시킬 수 있을지도 모른다.

본능 스위치

(장점) × (본능 스위치 유형) × (적용 장소) =

몰입감 × 민트형 × 공간 디자인 = **캄캄한 실내**

흑우롱차 병의 본능 스위치는?

◀ · · · · · · · · HERE!

뱃살 빠진 허리가
연상되는 '잘록한 라인'

일본에서는 체지방 축적 억제, 지방 흡수 억제 등 다양한 다이어트 효능을 기대하며 건강 보조 식품으로 인정받은 음료를 구매하는 사람이 많다. 그중에서도 '산토리(Suntory) 흑우롱차'는 자신도 모르게 손이 가게 하는 숨은 디자인을 갖추고 있다. 병 디자인에 '잘록한 라인'이 들어간 것이다. 가게 진열대 위의 다른 병들과 달리 중심부가 가늘어지는 형태로, 두툼한 뱃살이 사라진 날씬한 허리가 연상된다. '살이 빠질 것 같다!'는 직감적인 느낌을 주는 패키지다. 고객이 얻을 수 있는 '지방 흡수 억제' 효과를 '날씬한 몸매'로 치환하여 패키지에 구현한 훌륭한 사례라고 할 수 있다. 또 비슷한 디자인을 도입한 건강 보조 식품으로 인정받은 콜라[3]나 참기름이 출시되는 등 지방 흡수 억제 효과를 전달하는 건강 보조 식품 특유의 디자인으로 자리 잡아가는 느낌이다. 이처럼 효과를 실감할 수 있도록 패키지 디자인을 활용하는 방법은 건강 보조 식품뿐 아니라 다른 상품군에서도 볼 수 있다. 산토리의 '더 스트롱(THE STRONG) 천연수 스파클링'은 상쾌함을 내세운 강탄산 음료로, 뾰족뾰족 갈라지고 금이 간 디자인을 활용해 인기를 얻고 있다. 상품이 줄 수 있는 효과를 디자인으로 치환하여 패키지로 표현한 방식은 본능 스위치라는 측면에서 훌륭한 시사점을 던져준다.

살균·항균 제품의 본능 스위치는?

HERE!

청결감을 감각적으로 전달하는
'은색' 파워

데오도란트나 세탁 세제 제품군 중 살균 및 항균 작용을 하는 것에는 은색 패키지가 자주 사용된다. 왜일까? 우선 '은색'에는 '금속의 느낌, 세련미, 도시, 미래' 같은 이미지가 있다. 그리고 '은 이온(Ag+)'에는 미생물이나 균을 죽이는 효과가 있어서 다양한 살균·항균 상품에 배합된다. 그래서 은색은 '청결감'이라는 이미지까지 덤으로 가지고 있다.

살균 및 항균 상품은 이러한 이미지의 색을 패키지에 활용함으로써 효과를 더욱 강조하고, 그 상품을 알게 모르게 계속 선택하게 한다.

색이 주는 심리적인 효과는 절대적이다. 예를 들어, 과거 호주 정부가 흡연율 및 흡연 빈도 저하를 목적으로 조사 기관과 함께 다양한 조사에 나선 적이 있었다. 그 결과, 패키지에 '갈색(PANTONE 448C)'을 넣었을 때 담배가 가장 덜 매력적으로 보인다는 사실이 드러났다. 그래서 흡연의 위험성을 알리기 위해 이 색을 패키지에 넣을 것을 법으로 정했다. 다른 나라에도 같은 법이 도입되었다.

살균 및 항균 제품처럼 색을 활용해 효과를 강조하고 사용을 촉진할 수도 있지만, 반대로 담배처럼 과도한 사용을 억제할 수도 있으니 패키지 색상은 잘만 사용하면 강력한 본능 스위치가 되어준다.

해열 패치의 본능 스위치는?

'곤약 같은 젤 제형'이
만들어낸 쿨링감

열이 날 때 한 번쯤은 사용해 봤을 해열 패치.

이마에 한참 동안 붙이고 있어도 어떻게 계속 차가운 상태가 유지되는지 신기하게 여긴 사람도 많을 것이다. 수분이 증발할 때는 주변의 열을 흡수해 빼앗는다. 그래서 해열 패치는 젤에 수분을 충분히 함유시켜 패치가 마를 때까지 쿨링감을 유지하는 방식을 쓴다. 또 그 수분에 멘톨을 첨가해 체온보다 2도 낮은 상태를 7~8시간 유지할 수 있도록 했다. 다만 이런 쿨링감은 수분이 증발할 때까지 기다려야 느낄 수 있는데, 냉각 시트를 붙이자마자 온몸이 움찔할 만큼 강한 차가움을 느끼는 사람도 많다. 이는 수분이 증발할 때 느낄 수 있는 쿨링감과는 또 다른 것으로, '곤약 같은 젤 제형'이 주는 느낌이다. 곤약 같은 젤 제형은 개발자의 경험이 만들어 낸 성과다. 개발자는 본래 이마에 붙여도 떨어지지 않는 접착형 시트를 개발 중이었다. 하지만 적당한 쿨링감을 만들어내지 못해 이만저만 고민이 아니었다. 그러던 어느 날, 술집에서 곤약 냉채를 손에 떨어뜨렸는데 그 촉감에 깜짝 놀라며 번뜩이는 아이디어를 얻었다. 그때부터 자기 이마를 희생양 삼아 술집에서 느낀 '곤약 같은 촉감'을 찾아 끝없이 시행착오를 반복했고, 그 결과 지금의 제형이 만들어졌다. 이 촉감이 좋아서 열이 날 때뿐만 아니라 여름철 더위를 식히고 싶을 때 사용하는 사람도 많다고 한다.

(장점)		(본능 스위치 유형)		(적용 장소)		**본능 스위치**
붙이는 순간 느껴지는 쿨링감	×	민트형	×	상품의 소재	=	**곤약 같은 젤 제형의 촉감**

구강 청결제의 본능 스위치는?

HERE!

입안이 말끔해진 느낌을 주는
'강력한 화끈거림'

44

구강 청결제는 충치, 치주염, 구취를 막아주는 구강 관리의 필수품이다.

하지만 그 효과보다 입에 머금자마자 느껴지는 강력한 화끈거림이 먼저 떠오르는 이도 많을 것이다. 구강 청결제를 그렇게 만든 이유는 그 화끈거림이 양치질로는 해결할 수 없는 미세한 오염이나 입안 균을 없애주는 느낌을 선사하기 때문이다.

치과 관계자들의 말에 따르면 사실 이 강력한 자극은 살균 작용 때문이 아니라 맛과 향을 조절하기 위해 넣은 알코올에서 느껴지는 것이라고 한다. 그래서 그 강한 자극을 싫어하는 이를 위한 무알코올 타입의 상품도 출시되어 있다. 하지만 지금도 세계적인 주류는 알코올이 들어간 타입이다. 화끈거리는 자극이 입안 깊숙이 숨은 더러움을 말끔히 씻어주리라는 믿음 때문일 것이다.

강한 자극이 효과적일 것이라는 착각을 주는 방식은 이뿐만이 아니다. 예를 들어 체형 교정 치료도 그렇다. 틀어진 몸을 바로잡을 때 우두둑거리는 소리가 나야 효과적이라고 생각하는 사람이 많은데, 그 소리는 관절을 움직일 때 그 사이에 쌓인 기포가 터지면서 나는 것이다. 즉, 뒤틀린 몸을 바로잡는 과정에서 소리가 꼭 나야 하는 것은 아니다. 다만 우리 마음속에 자극이 강해야 효과도 클 거라는 본능적인 생각이 자리 잡고 있을 뿐이다.

구강 스프레이의 본능 스위치는?

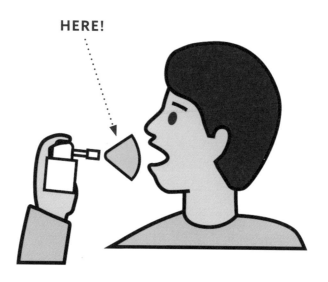

HERE!

 입뿐 아니라
기분까지 상쾌해지는 '향미 성분'

왠지 입냄새가 신경 쓰일 때 구강 스프레이를 뿌리면 입안 가득 상쾌한 느낌이 남는다. 구강 스프레이에는 제품에 따라 다양한 '향미제(맛과 향을 더하는 재료)'가 첨가되어 있다. 그런데 그 향미제가 사실은 입안뿐 아니라 기분을 상쾌하게 하는 데 필수적인 존재였다고 한다.

향을 맡으면 코점막을 통해 자율 신경이 자극받아 우리 몸에 다양한 영향이 나타난다. 자율 신경은 교감 신경과 부교감 신경으로 구성돼 있다. 자동차에 비유하자면, 교감 신경은 액셀처럼 신체 움직임을 늘리고 집중력을 높이는 역할을 하는 데 비해 부교감 신경은 브레이크처럼 신체의 움직임을 떨어뜨리고 신체를 쉬게 한다.

향은 그 종류에 따라 각기 다른 신경에 작용한다.

레몬이나 로즈마리, 페퍼민트 같은 향은 교감 신경에 작용해 재충전되고 상쾌한 기분을 느끼게 하는 효과가 있다. 또 라벤더나 로즈 향은 부교감 신경에 작용해 이완되는 효과를 준다.

그래서 일상생활에서 기분 전환을 원할 때 구강 스프레이를 사용하는 사람도 많다.

향을 이용해 입안뿐 아니라 기분까지 상쾌하게 만들 수 있기에 일상생활의 여러 상황에서 구강 스프레이를 사용하는 것이다.

땀 닦이 시트의 본능 스위치는?

HERE!

청결감보다
닦는 순간 느껴지는 '시원함'

땀이 났을 때 언제든지 간편하게 닦아낼 수 있는 페이퍼 시트는 여름철에 많은 사람이 애용하는 히트 상품이다.

고온다습한 일본에서는 피부의 끈적임을 제거하고 싶어 하는 사람이 많다 보니 땀을 닦아 불쾌감을 없애고 청결감을 유지하기 위한 아이템으로 페이퍼 시트가 정착했다. 그런데 땀을 닦을 목적이라면 손수건이나 타월을 써도 될 텐데, 왜 땀 닦이 시트를 사용하는 걸까?

그 이유는 아마도 '시원한 느낌' 때문일 것이다. 페이퍼 시트를 쓴다고 해서 급격히 체온이 떨어지지는 않지만, 순간적인 냉각 효과를 느낄 수 있다. 땀이 줄줄 흐르는 더위를 피해 에어컨을 틀어놓은 방안으로 뛰어드는 것 같은 느낌이 드는 것이다. 페이퍼 시트가 계속 잘 팔리는 이유는 바로 그 급격한 온도 변화, 시원함이 본능 스위치를 자극한 덕이다.

순간적인 온도 변화를 통해 상황을 단숨에 뒤바꾸는 방법은 이 외에도 찾아볼 수 있다. 대표적인 예가 핫 아이 마스크다. 눈이 피로할 때 경직된 눈 주위 근육을 단번에 '따뜻하게' 만들어 긴장을 풀어주고 기분까지 편안하게 해주는 제품이다.

앞으로도 계절에 따라 '시원한 느낌' 또는 '따뜻한 느낌'을 본능 스위치로 활용한 상품이 시선을 끌 수 있으니 주목하자.

헬시아 녹차의 본능 스위치는?

HERE!

일부러 남겨둔 '바로 그 쓴맛'

최근 건강에 신경 쓰는 사람들이 늘어나면서 건강 보조 식품의 시장 규모가 급격히 커졌다. 현재 매우 다양한 상품이 출시되어 있는데, 초기에 선구자로 등장한 제품이 바로 일본 소비재 생산 기업 가오(花王)가 2003년에 출시한 '헬시아 녹차'다. 일반 녹차보다 녹차 카테킨을 고농도로 함유해 지방을 쉽게 연소시킨다고 홍보한 이 상품은 독특한 쓴맛에도 큰 사랑을 받으며 공전의 히트를 기록했다. 사실 이 쓴맛은 기술로 어느 정도 줄일 수 있었지만, 본능 스위치로 굳이 남겨둔 것이었다.

　　애초에 다이어트는 하루아침에 결과를 얻을 수 있는 것이 아니기에 길게 보지 않으면 그 효과를 실감하기 어렵다. 이 제품도 한 번 마시는 것으로는 건강 보조 식품으로서 기능을 전달하기 쉽지 않다. 그러나 강한 쓴맛을 남겨두면 효과가 있으리라는 느낌을 줄 수 있다. 그 덕에 '쓴맛=건강'이라는 호감이 싹텄고, 결과적으로 많은 이가 습관적으로 마시는 음료가 되었다. 어릴 때는 써서 왜 마시는지 이해하기 어려웠던 커피가 어른이 되면서 '맛있다'라고 인식되는 것도 카페인의 이완 효과를 경험한 사람들에게 호감이 쌓인 결과다.

　　사람은 무의식중에 편안함을 추구하기 마련이라지만, 동기만 부여된다면 약간의 자극이나 고통이 있는 쪽으로 움직이는 것도 사실이다.

（장점）　　　　（본능 스위치 유형）　　　（적용 장소）　　　　본능 스위치

살이 빠지는 느낌　×　　민트형　　×　　상품의 맛　　=　　쓴맛

모기향의 본능 스위치는?

HERE!

모기가 얼씬도 못할 것 같은
그리운 '그 냄새'

모기향은 예나 지금이나 여름철 필수품이다. 초록색 소용돌이 모양과 독특한 냄새를 떠올리기만 해도 옛 생각이 나고, 모기향을 꺼내면서 여름이 왔음을 실감한다는 사람도 많다.

모기향을 쓰는 가장 큰 목적은 말 그대로 모기를 퇴치하고, 모기가 다가오지 못하게 만드는 것이다.

그런데 모기향을 자주 쓰더라도 그 살충 성분에 대해 아는 경우는 적다. 다만 그 독특한 냄새가 왠지 모기를 쫓을 것 같은 느낌은 든다. 사실 일본 업체인 긴초(金鳥)가 1890년에 세계 최초로 개발한 모기향에는 실제로 냄새에 살충 성분이 포함되어 있었다. 예로부터 살충 효과가 있다고 알려진 '제충국(除蟲菊)'의 꽃 분말을 사용한 것이다. 그러다가 기술이 발전해 화학적으로 합성한 살충 성분이 개발되면서 더 이상 살충 성분으로 제충국을 쓰지 않게 되었다. 그 결과 모기향의 냄새는 원료로 쓰인 톱밥 등의 식물 성분이 불에 타는 냄새로 변했다. 개발자들은 그 상태로는 더 이상 기존에 사랑받던 '긴초 모기향'의 명맥을 유지할 수 없으리라 생각했다. 이에 본래 냄새를 낼 수 있을 정도로만 제충국을 섞게 되었다. 그렇게 해서 모기향 냄새는 뇌리에 여름을 상징하는 냄새로 남게 되었다. 그 냄새가 나야 모기향이 제대로 효과를 발휘하는 중이라는 느낌이 들어 모기 걱정을 덜 수 있다는 것이다.

의류 매장의 본능 스위치는?

 기억과 감정을 불러일으키는
브랜드 특유의 '독특한 향기'

일상에서 어떤 향기를 맡았을 때 문득 과거의 기억이나 감정이 되살아난 적이 있는가?

'향기'에 자극을 받아 특정 기억이나 감정이 되살아나는 현상을 '프루스트 현상(Proust phenomenon)'이라고 한다. 프랑스 소설가 마르셀 프루스트의 책에서 주인공이 마들렌을 홍차에 적셨을 때의 향기를 맡고 어린 시절 기억이 선명하게 되살아난 장면에서 붙여진 이름이다. 이 프루스트 효과는 비즈니스 세계에서도 의도적으로 활용되고 있다.

의류 브랜드 매장에 들어갔을 때 그 브랜드 특유의 향을 느낀 적이 있을 것이다. 브랜드 특유의 향은 전달하고 싶은 브랜드의 이미지를 바탕으로 만들어지는데, 놀랍게도 이 향이 무의식중에 우리의 본능 스위치를 누른다. 후각은 오감 중에서 유일하게 본능과 감정을 관장하는 대뇌변연계와 직접 연결되어 있기 때문이다. 그러므로 기억이나 감정을 불러일으키는 가장 쉬운 방법은 후각을 자극하는 것이다.

매장에서 나는 브랜드 특유의 향은 본능 스위치를 자극한다. 그래서 특정 브랜드를 살펴보면서 향기를 맡은 소비자는 그 향기를 맡을 때마다 해당 브랜드를 떠올린다. 인상적인 브랜드 체험을 만들려고 할 때, 향기가 우리 눈에 보이지 않는 든든한 아군이 될 수 있다는 말이다.

가스의 본능 스위치는?

HERE!

생명을 지키기 위해
일부러 넣은 '불쾌한' 냄새

가스레인지에 불을 켜면 순간적으로 양파 썩은 듯한 냄새가 난다. 사실 이 냄새는 기술과 상관없이 나중에 일부러 첨가한 것임을 아는가? 우리가 평소에 이용하는 가스는 원래 아무 냄새가 없지만, '부취제'를 이용해 냄새를 첨가한 것이다. 부취제는 공기 중에 해당 가스가 미량 존재하더라도 사람이 알아차릴 수 있게 하려고 사용하는 물질이다.

이런 불쾌한 냄새를 굳이 첨가한 이유는 무엇일까?

그 계기는 1937년 미국에서 일어난 가스 누출로 인한 폭발 사고다. 당시에는 가스가 무취였기 때문에 가스 누출을 감지하지 못해 대형 참사로 이어졌다. 이 사고 이후 가스에 일부러 냄새를 넣는 움직임이 세계적으로 퍼졌다. 의외로 가스 냄새는 그 역사가 짧은 셈이다.

'이왕 넣을 거라면 좋은 냄새를 넣지 그래?'라고 생각할지도 모른다. 하지만 향수 같은 기분 좋은 향기는 위기감을 주지 못한다. '불쾌한 일을 피하려는' 뇌 반응이 일어나지 않기 때문이다.

이 외에도 불쾌감을 활용하는 예로는 공원 등에서 들을 수 있는 '모스키토 사운드[4](mosquito sound)'를 들 수 있다. 젊은이들에게만 들리는 고주파음을 틀어서 젊은이들이 공원 등지에 진을 치고 노는 일을 막으려 하는 것이다.

'일부러 불쾌감을 주어서' 부지불식간에 생명과 질서를 지키고 있는 사례들이다.

샴페인 잔의 본능 스위치는?

HERE!

잔 바닥의 '작은 흠집'이
만들어내는 아름다운 거품

건배주로 가장 먼저 떠오르는 술은 무엇일까? 일반적으로는 탄산의 자극뿐 아니라 바닥에서부터 뽀글뽀글 피어오르는 거품이 분위기를 고조한다고 해서 즐거운 모임의 시작을 알리는 건배주로 탄산주를 고르는 경우가 많다. 특히 결혼식 같은 축하 자리에서는 샴페인이 건배주의 정석이다. 샴페인이 인기를 끄는 것은 잔에 부었을 때 거품이 올라오는 모습이 아름답고 기분 좋기 때문이다. 그런데 일반 컵이나 와인 잔에 샴페인을 부으면 샴페인 잔에서만큼 아름다운 거품이 만들어지지 않는다.

샴페인 잔 바닥에는 작은 흠집이 나 있는데, 그 흠집이 샴페인의 아름다운 기포를 만들어내도록 설계되어 있기 때문이다. 샴페인으로 유명한 프랑스 샹파뉴(Champagne) 지방의 대학에서는 샴페인 잔과 거품의 관계성을 과학적으로 연구하고 있을 정도다. 샴페인 광고를 보면 황금색으로 빛나는 연출이 흔한데, 이것도 샴페인의 거품을 연상시키는 표현이라고 한다.

샴페인도 음료인 만큼 어쨌든 가장 중요한 요소는 맛이다. 하지만 '뽀글뽀글 솟아오르는 거품'처럼 맛과 분위기를 동시에 고조시켜 주는 본능 스위치를 발견해 이를 강조하면 상품의 매력을 한층 더 강조할 수 있지 않을까?

3장

컴포트형 본능 스위치

기분을 좋게 만들어
자꾸 쓰고 싶게 하는
본능 스위치

캡슐 세제의 본능 스위치는?

HERE!

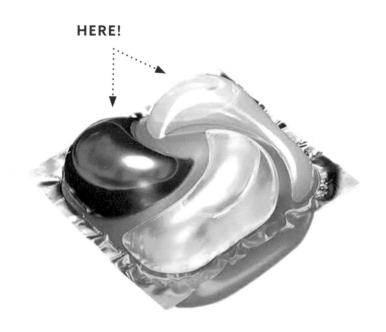

사랑의 호르몬을 부르는
'말랑말랑한' 촉감

분말도 액체도 아닌 제3의 세제를 선언하며 등장한 일본 세탁 세제 브랜드 아리엘의 캡슐 세제. 특수 소재로 만든 투명한 캡슐 하나만 세탁기에 넣으면 준비가 끝나는 매력적인 제품이다. 계량이 필요 없어 세탁 준비 시간을 단축했다는 평판이 자자한 이 상품을 자꾸만 쓰고 싶게 만드는 본능 스위치는 의외로 '힐링'이었는지도 모른다. 세제 통 뚜껑을 열면 보이는 보석처럼 반짝이는 예쁜 외형과 손으로 집었을 때 느껴지는 말랑말랑한 촉감이 더할 수 없이 좋은 것이다.

인간이 힐링 효과를 판단할 때는 '시각', '청각', '그 외 몸의 감각(촉각 또는 후각)'이라는 세 가지 기준을 사용한다고 하는데, 대부분은 몸의 감각을 통해 판단한다. 그리고 몸의 감각은 대상물이 부드러울 때 호감을 느끼는 경향이 있어서 말랑말랑하고 부드러운 것을 만지는 순간 뇌에 자극이 전달되어 사랑의 호르몬이 방출된다고 한다.

머리로만 생각하면 좀 어렵게 느껴질 수도 있다. 눈을 감고 아기 고양이의 발바닥을 상상해 보자. 젤리 같은 분홍색 발바닥의 부드러운 촉감이 인간의 뇌를 자극해 무조건 힐링으로 이어진다는 사실을 분명 쉽게 이해할 수 있을 것이다.

캡슐 세제의 무심코 손이 가는 예쁜 외형과 집었을 때 느껴지는 말랑말랑함이 세탁하는 사람에게 힐링 효과를 준다는 말이다.

샴푸의 본능 스위치는?

HERE!

말끔히 씻긴 느낌을 주는
'북적북적한' 거품

머리를 감을 때는 대부분 샴푸를 쓰는데, 샴푸에도 종류가 많다. 거품이 나는 일반적인 샴푸 외에도 거품이 나지 않는 크림 형태의 샴푸, 물로 씻어내지 않는 드라이 샴푸 등이 있다. 거품이 나지 않는 샴푸도 두피와 모발 세정력은 절대 떨어지지 않는다.

하지만 풍성한 거품을 내면 왠지 제대로 씻은 느낌이 든다. 바로 이 거품이 심리적인 만족감을 키우는 본능 스위치 역할을 한다.

샴푸 거품의 질감은 '북적북적'이라고 표현해야 와닿는다는 사람이 많은데, 사실 거품의 질감은 샴푸 제조사가 의도적으로 디자인한 것이다. '북적북적' 풍성하게 일어나는 거품의 촉감은 말끔히 씻긴 느낌으로 이어져 모발 세정의 효능감을 높인다.

참고로, 거품의 질감을 표현할 때는 '북적북적' 외에도 '매끈한', '쫀쫀한' 등 다양한 단어가 이용된다.

거품이 일어나는 상품을 만들 때는 그 용도에 맞게 거품을 디자인해 우리의 취향을 파고든다. 맥주 광고에는 '부드러운', '크리미(creamy)한'이라는 표현이 자주 등장한다. '크림같이 부드러운 거품'이 입안에서 맥주의 맛을 한층 살려주는 것이다.

이처럼 상품마다 그에 맞는 질감의 거품을 활용하면 소비자의 행복한 기분을 끌어낼 수 있다는 점에 주목하자.

감자칩의 본능 스위치는?

HERE!

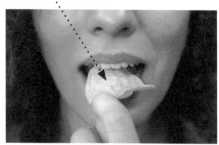

생감자	생감자	생감자	생감자	생감자	생감자	생감자	매시트 포테이토	생감자	생감자
×	×	×	×	×	×	×	×	×	×
×	∿	∿	∿	∿	∿	∿	×	—	▬
×	×	×	×	×	×	×	×	×	×
일반 프라이	일반 프라이	일반 프라이	일반 프라이	일반 프라이	전통 튀김법	전통 튀김법	일반 프라이	THIN 제조법	2회 튀김법
=	=	=	=	=	=	=	=	=	=
와삭	와작	와사삭	와삭 바삭	와삭 와삭	빠삭 빠삭	빠사삭	파삭	파사삭	와삭 파삭

※위 패키지는 원서 출판 당시의 디자인이다.

와삭, 빠삭빠삭,
와삭바삭, 파사삭!

감자칩의 매력이라고 하면 누구나 식감부터 떠올릴 것이다. 놀랍게도 제과업체 가루비(Calbee)는 식감에 차이를 주어 각 상품을 차별화한다고 한다. 일반 감자칩은 '와삭', 카타아게 포테이토('카타아게'는 단단하게 튀겼다는 의미)는 '빠삭빠삭', 씬(thin) 포테이토는 '파사삭'이라고 식감을 다르게 표현하여 감자칩 상품군을 뭉뚱그리지 않고 각각에 독자성을 부여한 것이다.

'와삭바삭', '파사삭' 같은 맛있게 느껴지는 소리, 식욕을 돋우는 표현을 일본 광고업계에서는 '시즐 워드[5](sizzle word)'라고 부른다. 고기를 구울 때 지글지글 소리를 내면서 육즙이 뚝뚝 떨어지는 먹음직스러운 모습을 표현하는 영어 단어 sizzle에서 유래한 것이다. 미국의 패밀리 레스토랑 체인점인 '시즐러(Sizzler)'의 이름도 여기에서 온 것이다. 시즐 워드는 온갖 상품에 적용되어 있다. '몽글몽글'한 오믈렛, '쫀득쫀득'한 떡 등 감자칩처럼 식감을 강조하는 상품군도 있고, '풍미 깊은' 맥주, '감칠맛' 나는 녹차, '매콤한' 카레 등 미각을 강조하는 상품군도 있다. '산지 직송' 채소, '무첨가' 수프, '갓 구운' 빵 등 정보 제공에 주력하는 상품군도 있다.

참고로 시즐 워드는 사회의 변화에 따라 인기를 끄는 표현도 바뀐다. 예를 들어 불경기 때는 '진한 맛', '풍부한 맛' 같은 가성비를 강조하는 말이 자주 등장한다. 구글 트렌드에서 검색 키워드로 시즐 워드를 넣어보면 시간의 흐름에 따른 관심도의 변화 추이를 볼 수 있다. 소비자의 관심도 변화를 알 수 있으니 한번쯤 시도해 보길 바란다.

아이들이 좋아하는 손 세정제의
본능 스위치는?

귀여운 모양의 '거품 도장'

아이들은 어린이집이나 유치원에 다닐 때부터 손 씻기와 양치질을 교육받는다. 그렇지만 아직 손 씻기의 중요성을 이해하지 못하는 아이들에게 손 씻기는 그저 귀찮은 일일 뿐이다. 아이가 손 씻기를 달가워하지 않아 고민인 가정도 많다고 한다. 이 문제를 즐겁고 확실하게 해결하는 방법이 있다. '귀찮은 것을 즐겁다고 착각하게 만드는 마법'이다.

마법의 정체는 바로 거품 분출구 모양을 바꾸어 꽃이나 강아지 발바닥 모양의 귀여운 거품이 나오게 한 상품이다. 손 씻기를 즐거운 체험으로 바꾸기 위해 출시된 이 상품은 시중에 판매되고 있을 뿐 아니라 지금은 일본 내 공항이나 동물원 등의 시설에도 설치되어 있다. 각 시설에 어울리게 디자인된 거품의 모양도 눈여겨볼 만하다.

이는 아이들이 싫어하는 당근, 오이 같은 채소를 별이나 하트 모양으로 잘라 즐겁게 먹을 수 있게 하는 아이디어와도 비슷하다. 싫어하는 것을 좋아하는 것과 연결 지어 부정적인 느낌을 덮어버리는 것이다.

귀여운 모양으로 뿜어져 나오는 손 세정제와 일반 손 세정제는 내용물이나 기능 면에서는 큰 차이가 없다. 다만 손 씻기를 조금이나마 즐겁게 느끼도록 하는 본능 스위치를 추가했을 뿐이다. 싫은 일도 적극적으로 시도해 볼 이유를 만들어 낸 좋은 예다.

핀란드식 사우나 뢰일리의 본능 스위치는?

HERE!

쏴아~

사우나 트랜스를 맛보게 하는
'쏴아!' 소리

70

일본에서는 최근 사우나 붐이 일어 공중목욕탕에서도 사우나 앞에 줄을 선 광경을 자주 볼 수 있다. 사우나 중에서도 핀란드식 사우나 '뢰일리(löyly)'의 인기가 높다 보니 뢰일리 설비를 갖추고 있다고 홍보하는 시설도 많아지고 있다. 뢰일리는 뜨거운 사우나 스톤에 아로마 오일을 섞은 물을 뿌렸을 때 발생하는 증기를 쐬는 사우나 방식이다.

뢰일리의 본능 스위치 중 하나로는 조용한 사우나실 안에서 달궈진 돌에 아로마 물을 뿌렸을 때 나는 '쏴아' 하는 소리를 꼽을 수 있다. 유튜브에 검색해 보면 뢰일리의 증기 뿜는 소리만 들려주는 ASMR 영상이 나올 정도다.

사람들은 왜 그 '쏴아' 하는 소리에 빠져들까? 사우나실은 대부분 고온 저습하기 때문에 작은 소리의 진동도 수분에 흡수되지 않고 귀에 확실히 전달된다. 덕분에 기분 좋아지게 만드는 증기 뿜는 소리가 크게 느껴지고 아주 높은 이완 효과를 낳는다고 생각된다.

또 뢰일리에서 사용하는 아로마 물에는 자작나무와 유칼립투스, 시트러스와 허브 등 다양한 향이 첨가된다. 일상에서도 좋은 향기를 맡으면 마음이 안정되는데, 뢰일리에서는 '쏴아' 하는 소리에 향기까지 더해져 사우나 트랜스[6] 효과 및 이완·안정 효과가 배가되는 것이다.

우드윅 캔들의 본능 스위치는?

HERE!

1/f 진동을 일으키는
'모닥불 소리'

72

최근 '우드윅 캔들'이라는 신종 캔들이 인기를 끌고 있다. 수많은 경쟁 상품이 난무하는 캔들 업계에서 우드윅 캔들은 어떻게 주목받을 수 있었을까? 그 비밀은 소리에 있다. 우드윅 캔들은 불을 켜면 나무로 된 심지가 벽난로나 모닥불처럼 타닥타닥 소리를 낸다. 불꽃의 흔들림이나 아로마 향기 등 기존 캔들도 가지고 있던 힐링 효과와 더불어 소리에서도 온기를 느낄 수 있다는 점이 인기의 원인으로 여겨진다.

그런데 왜 사람들은 타닥거리는 소리에서 힐링 효과를 얻는 걸까? 사실 모닥불 소리에는 '1/f 진동'이라고 불리는 주파수가 있다고 알려져 있다. 1/f 진동은 쉽게 말해 강물 소리, 산들바람, 반딧불 빛 등 자연계에서 공통으로 관찰되는 리듬 패턴 같은 것이다. 심장 박동 등 인간의 생체리듬도 이 1/f 진동에 해당한다고 하는데, 이 특정 리듬을 접하면 사람은 힐링 효과를 얻는다고 한다.

참고로 1/f 진동은 컴퓨터를 이용해 인공적으로 재현할 수도 있다. 그래서 최근에는 이 진동을 삽입한 아기 자장가, 자꾸만 귓가에 맴도는 로고 사운드, 웹 디자인에 활용하는 기분 좋은 모션 설계 등이 활용되고 있다. 이처럼 편안함이 필요할 때 자연의 리듬에 눈을 돌려보면 뜻밖의 힌트를 얻을 수 있다.

(장점) 힐링 효과 × (본능 스위치 유형) 컴포트형 × (적용 장소) 사용 체험 = 본능 스위치 ❗ 장작불처럼 타닥타닥 타는 소리

편의점의 본능 스위치는?

HERE!

무심코 들르게 만드는
'내부 불빛'

누구나 한 번쯤 퇴근길에 자신도 모르게 편의점에 들어간 경험이 있을 것이다. 이는 편의점 매장 운영 전략에 '조명'을 이용한 본능 스위치가 활용되고 있어서이다. 편의점은 어두운 밤 멀리서도 바로 발견할 수 있도록, 그리고 조금이라도 더 멀리까지 빛이 뻗어 나가도록 불을 환하게 밝힌다. 특정 공간의 내부가 어두우면 불안감을 느껴 들어가려다가도 그 앞에서 멈추게 되고, 반대로 자신이 있는 자리보다 밝으면 안정감을 느껴 무의식적으로 끌리는 성질을 이용한 것이다. 이를 '사바나 효과'라고 한다. 어두운 숲속에서 헤매던 사람이 숲 밖에 펼쳐진 햇빛 밝은 초원(사바나)을 보면 어두운 숲에서 초원으로 달려 나가게 된다는 데서 이름 붙여졌다. 가전제품 매장의 조명 코너가 점포 가장 안쪽에 설치되는 경우가 많은 것도 이 심리 효과를 기대하기 때문이다. 고객을 매장 안쪽까지 유도해서 여러 상품을 둘러볼 기회를 늘리려는 전략인 셈이다.

조명의 본능 스위치는 '밝기'뿐만은 아니다. 예를 들어, 편의점에서 파는 따뜻한 음식 주변에는 주황색 전구를 쓴다. 따뜻한 색감의 조명으로 붉은빛을 강조해서 갓 만들어진 듯한 느낌을 주어 식욕을 자극하는 것이다.

조명은 다양한 심리 효과를 유발한다. 길게 말하자면 끝이 없지만, 같은 상품이라도 빛만 잘 활용하면 매출이 늘어날 수 있다는 사실을 염두에 두면 더 활기찬 매장을 만들 수 있음에 주목하자.

고급 차량의 문에 숨은
본능 스위치는?

HERE!

기분 좋게 닫히는
'중후하고 묵직한' 소리

고급 차량에서 '고급스러움'을 실감하는 요소는 사람마다 다르다. 어떤 사람은 브랜드, 또 어떤 사람은 내장이나 외장 디자인, 그것도 아니면 주행감에서 고급스러움을 느낀다. 그런데 타고 내리는 순간에도 고급스러움을 실감할 수 있는 요소가 있다.

바로 '문 닫을 때 나는 소리'다. 수입차 딜러가 애용하는 세일즈 토크 중에 유명한 말이 있다. '좋은 차는 문 닫히는 소리도 다르다'라는 말이다. 고급 차량일수록 주행 중에 차량 내부를 조용하게 유지하기 위해 차량 내부의 기밀성을 높이는 경향이 있다. 그 결과 문 닫는 소리가 묵직해지고 거기서 고급스러움을 느끼게 되는 것이다. 그럼 중후하고 묵직한 소리는 왜 기분 좋게 느껴지는 걸까?

이를 설명하려면 태아 시절로 거슬러 올라가야 한다. 엄마 뱃속에서 자기 심장 소리나 외부 소리를 들으면 고주파가 차단되어 중저음으로 들린다고 한다. 그래서 우리는 중저음에 익숙해져 있고, 그 소리가 기분 좋다고 본능적으로 느끼는 것이다. 자동차 외에 스피커나 이어폰도 중저음을 잘 전달해야 인기가 좋은 경향만 봐도 이를 알 수 있다.

그런 의미에서 시장에 새 상품을 선보일 때 중후하고 묵직한 소리를 통해 편안함을 연출해 보는 것도 좋을 것이다.

에코백 슈파토의 본능 스위치는?

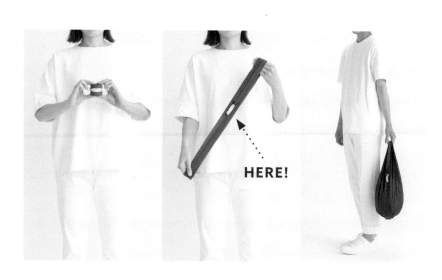

HERE!

 가방 접는 소리를 활용한 '네이밍'

78

2020년, 일본에서 일회용 비닐 백 유료화 정책이 시행되자 에코백 수요가 급증했다. 그 덕에 급부상한 에코백이 '슈파토(Shupatto)' 시리즈다. 가방 양 끝을 잡아 옆으로 '슉' 하고 당기면 '파박' 하고 단숨에 띠 모양으로 접히는데 이때 나는 소리를 따서 지은 이름이다. 실제로 에코백의 양 끝을 잡고 옆으로 당기면 '슈파토'라는 이름에 걸맞은 소리가 난다. 이런 설명을 듣고 나니 한 번쯤 시도해 보고 싶어진다는 사람도 많다.

바로 이 점이 본능 스위치다. 이 상품은 본능 스위치를 그대로 네이밍에 활용해서 아직 사용해 본 적 없는 사람이 '나도 해보고 싶다!'라고 생각하게 만든다. 또 이미 체험한 사람에게는 그 소리가 주는 쾌감을 다시 한번 맛보고 싶게 만든다.

이 외에도 소리가 주는 쾌감 때문에 무심코 하게 되는 행동이 있다. 예를 들어 라이터에 불을 붙이는 행위가 그렇다. 불이 필요하지 않은데도 라이터를 켰다 껐다 반복하는 사람들이 있는데, 무의식적으로 그 소리가 주는 쾌감을 계속해서 느끼고 싶은 욕구가 생기기 때문이다.

SNS를 보면 슈파토의 소비자들이 '슉 하는 소리에 중독된다', '소리가 주는 쾌감이 좋다'라고 올린 글을 볼 수 있다. 소리가 주는 쾌감을 잘 활용해 에코백을 접는 '귀찮은' 행위를 '하고 싶은' 행위로 바꾼 것이 이색 상품으로 자리 잡은 이유일 것이다.

나리타 국제공항 제3 여객터미널의
본능 스위치는?

제공 : (주)나리타 국제공항

300m 길이 연결 통로에 적용한
'육상 트랙' 디자인

압도적인 저비용으로 비행기 여행을 대중화하고 있는 저가 항공사들. 지금은 공항에 전용 터미널까지 들어설 정도로 일반화되었다. 가격이 저렴한 점은 매력적이지만, 전용 터미널이 기존 항공사가 이용하는 터미널보다 공항 중심에서 떨어져 있는 경우가 많아 편리성이 떨어지는 것도 사실이다. 또 탑승할 때까지 동선이 길거나 무빙워크가 없는 경우도 많다.

이런 제약 속에서도 본능 스위치를 도입해 고객의 스트레스를 줄인 대표적인 예가 나리타 국제공항의 제3 여객터미널이다. 300m 길이의 연결 통로에 '육상 경기 트랙'을 본뜬 디자인을 도입해 큰 화제가 되기도 했다.

여기에는 잘된 디자인이 불쾌감을 줄일뿐 아니라 자발적 행동까지 이끌어 낸다는 행동 경제학의 '넛지(nudge)' 원리가 적용되어 있다. 육상 경기 트랙이라는 만국 공통의 디자인을 활용해 누구나 자신이 찾아가야 할 길을 쉽게 알아보게 만들어서 이용객의 스트레스를 줄인 것이다. 사람은 과거의 기억이나 경험을 바탕으로 행동하는 습성이 있다. 이를 이용해 모두에게 친숙한 육상 트랙을 본뜬 디자인을 도입한 전략은 보란 듯이 성공을 거두었다. 디자인의 잠재력을 느끼게 하는 좋은 예다.

두피 케어 브러시의 본능 스위치는?

HERE!

 '남의 손'에 관리받는 느낌

최근 미용에 관심이 높은 사람들 사이에서 두피 케어 브러시가 유행하고 있다. 미용실에서 샴푸 서비스를 받을 때와 같은 편안함을 집에서 맛볼 수 있어 중독된다는 평이 많다. 이런 두피 케어 브러시의 인기에는 '남의 손'에 관리받는 느낌이 큰 역할을 했다.

마사지를 하거나 받는 장면을 상상해 보자. 마사지는 스스로 하는 것보다 다른 사람에게 받는 편이 기분 좋다.

자기 손으로 마사지하면 힘의 세기나 타이밍 등을 뇌가 미리 예상할 수 있어서 결과적으로 시원한 느낌이 덜해지기 때문이다.

이렇게 '남의 손'에 관리받는 느낌은 오래전부터 활용되었다. 등을 긁을 때 쓰는 '효자손'이 바로 그 예다. 그야말로 '남의 손'으로 등을 긁는 느낌이 든다는 게 이름에서부터 여실히 드러나지 않는가? 참고로 효자손을 일본에서는 '마고노테(손자(孫)의 손(手)이라는 의미)'라고 부르지만, 사실 '손자'와는 아무 상관이 없다. 중국 신화에 등장하는 마고(麻姑)라는 선녀가 그 어원이다.

마고 선녀는 대단한 미인이었는데, 채경이라는 남자가 그녀의 긴 손톱을 보고 '마고 선녀가 등을 긁어주면 얼마나 시원할까?'라고 생각한 데서 유래한 말이라고 한다. 손자가 아니라 미인의 손으로 긁어주기를 바란 것이 발단이었다는 말이다. 어쨌든 효자손과 두피 케어 브러시 모두 '남의 손'을 이용하는 느낌을 만들어 효능감을 배가시킨 물건임은 분명하다.

키보드의 본능 스위치는?

HERE!

‘손맛’을 느끼게 하는
특유의 ‘타건감’

키보드를 두드릴 때 느껴지는 감각, 즉 타건감 취향이 까다로운 사람이 있다. 눌렀을 때 큰 소리가 나는 것이 좋다, 입력하는 느낌을 직접적으로 느낄 수 있게 키가 깊이 눌리는 것이 좋다, 또각또각 소리를 내며 가볍게 눌러지는 것이 좋다…. 사람마다 취향은 다 다르겠지만, 타이핑을 하고 있다는 실감이 들어서 작업이 진척되고 있다는 느낌을 받고 싶다는 욕구는 같을 것이다.

스마트폰이나 태블릿의 경우는 터치 패널에 키보드를 띄워서 입력하는데, 패널을 터치하는 것만으로는 문자를 입력하고 있다는 실감이 들지 않을 때가 있다. 그래서 터치 패널로 입력할 수 있는데도 외장 키보드를 사는 사람이 나타나고, 터치 패널로 입력할 때 효과음이나 진동이 생기도록 해서 '물리적인 느낌'을 주려는 제조사가 나타나는 것이다.

키보드와 비슷한 예로는 전자 피아노 건반을 들 수 있다. 전자 피아노도 기능만을 따지자면 건반을 건드릴 때마다 전자 회로를 통해 소리가 나는 원리이기에 실제로는 건반을 누르는 행위가 없어도 된다. 그런데도 '건반을 누르면 해머가 피아노의 현을 두드려서 소리를 내는' 그랜드 피아노의 타건감을 최대한 재현하기 위해 각 업체가 기술력을 동원하고 있다. 소비자로서도 타건감은 전자 피아노를 선택할 때에 중요한 기준이 된다. 이처럼 만졌을 때 느껴지는 물리적인 느낌, 즉 '손맛'은 작업의 만족감을 높여주는 중요한 본능 스위치다.

? 화장품 브랜드 SHIRO의
본능 스위치는?

HERE!

 행복감을 지속시키는,
쇼핑백에 뿌린 '마무리 스프레이'

'SHIRO'는 좋은 향기의 대명사라고 불릴 정도로 향기로는 일본에서 정평이 난 자연주의 화장품 브랜드다. 인기의 가장 큰 요인은 까다롭게 제조한 질 좋은 상품이지만, 다시 한번 체험하고 싶게 만드는 기분 좋은 매장 환경도 빠뜨릴 수 없다.

SHIRO에서는 상품을 구매할 때 "○향을 뿌려 드려도 될까요?"라고 물은 뒤, 시즌 한정 향이나 고객이 좋아할 만한 향을 쇼핑백에 살짝 뿌려주는 서비스를 제공한다. 이렇게 하면 상품을 구매한 고객은 매장 안에 있는 동안뿐 아니라 그 쇼핑백을 가지고 다니는 내내 향기를 음미할 수 있다. 이런 서비스를 체험한 구매자들은 '쇼핑 후에도 기분이 좋았다', '쇼핑백에 뿌려준 기간 한정으로 판매한다는 향 제품을 사고 싶다'라는 글을 SNS에 올린다. 소비자의 기분도 좋아지고 동시에 SHIRO에 대한 인상도 한 단계 높아지는 결과로 이어지는 것이다.

매장에서 고객을 배려한 서비스를 제공하면 소비자들은 해당 브랜드에 대해 한층 좋은 인상을 받을 수 있다. 예를 들어, 식당에서 제공하는 물수건에서 은은한 향기만 나도 손님은 좋은 가게라고 느낄 것이다. 향기를 이용해 본능에 접근하는 사례 중에서도 SHIRO의 경우는 구매 시 또는 제품 사용 시에만 맛볼 수 있는 향기를 상품 구매 후에도 기분 좋게 지속시킴으로써 고객 만족도를 끌어올리는 예라고 할 수 있다.

※ 현재는 포장재를 줄이기 위해 유료로 쇼핑백을 구매한 고객에게만 제공되는 서비스다.

페이스북의 본능 스위치는?

HERE!

SNS에 혁신을 일으킨
'좋아요!' 버튼

88

이노베이션(Innovation, 혁신)은 '새로운 방법이 도입되어 획기적인 국면을 만들어 내는 일'을 가리킨다. 요컨대 반드시 기술 혁신이 필요한 것은 아니라는 말이다. 페이스북의 '좋아요!' 버튼을 보면 분명하게 알 수 있다.

SNS는 90년대부터 존재했다. 페이스북은 2006년에야 일반에 공개되었으니 후발 주자였지만, 등장과 동시에 단숨에 세상을 휩쓸었다. 그 계기는 '좋아요!' 버튼이라는 혁신이었다.

사람이 어떤 서비스를 습관적으로 계속 사용하려면 매번 무언가 대가를 느낄 수 있어야 한다. SNS의 경우, 이른바 '승인 욕구'를 충족시키는 누군가의 반응이 따라야 한다. 그런데 반응하는 사람으로서는 매번 댓글을 남기기는 좀 귀찮은 일이다. 그런 의미에서 터치나 클릭 한 번으로 간편하게 반응을 남길 수 있는 '좋아요!' 버튼은 엄청난 환영을 받았다. 게다가 그 행위가 쉽고 간단해서 댓글보다 더 많은 반응을 끌어낼 수도 있었다. '좋아요!' 기능은 페이스북 이외의 SNS로도 순식간에 퍼지면서 SNS의 표준 기능으로 자리 잡았다. 그야말로 시장에 새로운 국면을 구축한 것이다.

다만 '좋아요!' 수가 부담스럽다는 사람도 있어서, 인스타그램에서는 '좋아요'의 수를 숨기는 등 제한을 가하는 움직임도 나타나고 있다. 혁신이 있으면 그에 대한 반발도 나타나는 법이니 이는 자연스러운 흐름이다. 그럼에도 SNS 문화를 지금처럼 널리 확산시킨 요인이 '좋아요!' 버튼이었다는 사실에서 얻을 수 있는 교훈은 크다.

못키리의 본능 스위치는?

HERE!

 술을 '굳이 넘치게 따르는' 연출

90

일본주를 주문하면 유리잔에 넘칠 정도로 따라주는 가게가 있다. 그런 서비스를 받으면 기분이 좋아진다. 술을 굳이 넘치게 만드는 연출이 우리의 본능 스위치를 자극하기 때문이다.

이런 서비스 방식을 '못키리[7](もっきり)'라고 부른다.

못키리의 어원은 에도 시대로 거슬러 올라간다. 당시에는 큰 나무 술통에 담긴 일본주를 손님이 가져온 작은 술병에 옮겨 담아 판매하는 '모리키리(盛り切り)'가 주류였는데 이 말에서 유래한 이름이라고 한다.

에도 시대 서민들이 양조장에서 선 채로 술을 사 마셨던 데에서 지금의 선술집이 시작되었다고도 한다. 당시에는 술을 잔 단위로 팔았기에 술잔을 가득 채워주지 않으면 불만이 따를 수밖에 없었다.

술집이 늘어난 뒤에는 서비스와 가게 인심이 후하다는 사실을 내세우기 위해 술을 넘치게 따라주게 되었다고 한다. 그런 방식이 지금까지 '후한 대접'의 상징으로 남게 되었다.

참고로 연어알 덮밥 같은 음식을 낼 때도 큰 소리로 '요이쇼(영차)!'를 외치면서 그릇 밖으로 흘러내릴 만큼 연어알을 잔뜩 부어주는 식당이 있다. 이렇듯 손님을 후하게 접대하는 마음을 서비스로 표현하면 손님은 푸짐하게 먹고 마실뿐 아니라 예상 밖의 즐거움까지 얻는다는 점에 주목할 필요가 있다.

절약형 휴지의 본능 스위치는?

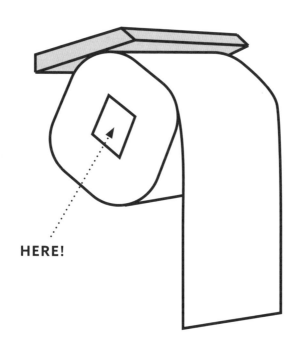

HERE!

불편해서 더 호평받는
'사각 심' 휴지

제품을 사용하기 쉽고 쾌적하게 만드는 것만이 컴포트형의 조건은 아니다. 굳이 불편한 상황을 만들어 오히려 장점으로 삼는 본능 스위치도 있는데 이를 역(逆) 컴포트형이라 한다.

예를 들어, 네모난 심을 이용한 휴지가 있다. 심이 원형이 아니면 사용할 때 불편하지만 사실은 이 점을 노린 것이다. 특히 어린 자녀가 있는 가정에서는 아무래도 휴지 낭비가 걱정되기 마련이다. 회전이 어려운 네모난 심을 이용해 휴지 소비를 줄일 수 있다는 점이 해당 제품의 독특한 장점으로 꼽힌다. 일부러 쓰기 어렵게 만들고 이를 장점으로 승화하는 역 컴포트형의 좋은 예라고 할 수 있다.

비슷한 예로는 소방서로 연결되는 긴급 전화번호 119를 들 수 있다. 과거 일본에서는 소방서에 신고할 때도 112를 썼다. 다이얼을 돌려서 전화를 걸어야 했기에 긴급 상황에서 빨리 전화를 걸 수 있도록 다이얼의 거리가 가까운 1과 2를 조합한 번호를 쓴 것이다. 그런데 급한 마음에 초조함까지 맞물리다 보니 이용자들이 오히려 다이얼을 잘못 돌리는 일이 잦았다. 그래서 당황한 와중에도 번호를 제대로 의식해서 올바르게 걸라는 의미로 다이얼 1에서 가장 멀리 떨어진 9를 긴급 번호 숫자로 채택한 것이다. 이것도 일부러 걸기 어려운 번호로 설정함으로써 잘못 거는 일을 막는 역 컴포트형 사례라고 할 수 있다.

다코야키 전문점 츠키지 긴다코의 본능 스위치는?

지글거리는 소리로 행인을 유혹하는 '외부 스피커'

갓 구운 다코야키를 부담 없이 즐길 수 있는 다코야키 전문점, '츠키지 긴다코(築地銀だこ)'. 가게 주변에 감도는 달콤한 소스 냄새도 식욕을 돋우지만, 먹을 생각이 없던 사람도 문득 입맛이 당기게 만드는 비밀은 스피커에 숨어있었다고 한다. 지금은 중단했지만, 도대체 어떤 아이디어가 있었던 것인지 그 비밀을 알아보자.

인간은 일상에서 귀로 받아들인 정보에 의지하며 생활한다. 그래서 '서걱서걱' 자르는 소리나 '지글지글' 굽는 소리같이 '음식을 연상시키는 소리'가 때로는 식욕을 돋우는 중요한 요소로 작용한다.

긴다코 매장 주변에 가면 대형 철판에서 다코야키 표면이 바삭하게 구워지는 지글지글 소리가 크게 들린다. 식욕을 돋우는 소리를 행인들에게 직접 들려주기 위해 창업 초기에 일부 점포가 일부러 바깥쪽으로 스피커를 설치했던 것이다. 가게 안에서 나는 지글지글 소리를 마이크로 모아 가게 밖으로 울려 퍼지게 하는 참으로 절묘한 시도였다.

이 밖에도 손님을 불러들이기 위한 홍보 수단으로 냄새를 사용하는 예가 있다. 대형 슈퍼마켓 매장의 시식 코너가 그렇다. 직접 시식을 하지 않더라도 맛있는 냄새를 풍기면 사고 싶어지는 심리를 이용한 것이다.

※ 현재는 스피커를 설치·운영하는 점포가 없다. 과거 시책 중 하나로 소개했다.

4장

덤형
본능 스위치

**그래프와 수치로 시각화해
성장을 실감하도록 하는
본능 스위치**

사이클론 진공 청소기의
본능 스위치는?

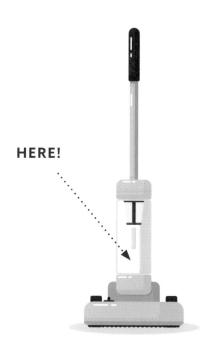

HERE!

빨아들인 먼지를 숨기는 방식에서
'보여주는' 방식으로

사이클론 진공 청소기는 먼지 봉투를 쓰지 않고 쓰레기를 직접 먼지 통에 모으는 방식을 쓴다. 이 청소기의 본능 스위치는 무엇보다도 청소 중 투명한 통에 먼지가 모이는 모습이 '눈에 보인다'는 점이다. '그게 그렇게 대단한 일인가?'라고 생각할 수도 있지만, 기존의 청소기는 먼지 봉투가 내장되는 구조상 청소가 끝나고 먼지가 잔뜩 쌓인 뒤에 필터를 교체하는 것이 일반적이었다. 그러다 보니 청소 중에는 먼지가 정말 잘 흡인되고 있는지를 실감하기 어려웠다. 그런데 사이클론 진공 청소기는 청소하는 동안 통에 먼지가 모이는 모습을 직접 확인할 수 있어서 '눈에는 보이지 않았지만, 먼지가 많았구나!' 하며 청소하는 보람을 금세 얻을 수 있다. 더러운 먼지가 보이지 않게 숨기던 청소기에서 청소하는 즐거움을 느끼게 해주는 청소기로 게임 체인지가 일어난 셈이다.

'가시화'라는 본능 스위치는 묘한 중독성을 만들어 낸다. 모공 팩은 피지를 쏙쏙 빼냈다는 성취감을 주고 때밀이 타월도 그렇다. 눈 세정액도 오염물이 보이면 만족감이 커진다. 없어도 되는 물질이 눈에 보이게 쌓이면 왠지 속이 시원해지는 느낌이 드는 것이다.

그나저나 그 먼지는 다 어디서 나오는 걸까? 청소를 해도 해도 먼지는 끝없이 나온다. 먼지를 완전히 제거해 주는 기계가 있으면 좋겠다고 생각하면서 우리는 또 한 번 청소기를 들게 된다.

독서 통장의 본능 스위치는?

▲ 효고현 아와지 시립 쓰나 도서관에서　　　　※'독서 통장'은 ㈜우치다양행의 등록 상표다.

책을 더 많이 읽고 싶게 만드는
독서 이력 '기록' 서비스

100

'독서 통장'이란 통장처럼 생긴 책자를 전용 단말기에 통과시키면 도서 대출 이력이 인쇄되는 서비스다. 10여 년 전에 시작된 서비스로, 지금은 일본 전국의 도서관에 100대 이상의 단말기가 도입되어 있다. 독서 통장을 도입한 뒤 책 대출량이 배로 늘어난 시설도 있어 책을 읽지 않으려는 어린이를 도서관으로 이끄는 효과로 주목받고 있다.

최근에는 대출 이력에 책 제목과 날짜는 물론이고, 빌린 책을 금액으로 환산해서 인쇄해 주는 단말기가 등장해 널리 퍼지고 있다. 독서를 돈이라는 알기 쉬운 가치로 '가시화'한 것이다. 그 덕에 어린이들은 마치 자산을 쌓아가는 듯한 느낌을 맛보고, 부모님이나 친구들에게 보여주며 서로 비교하는 재미도 느낄 수 있다. 결과적으로 부모님이 재촉하지 않아도 자발적으로 읽고 싶은 책을 고르게 되는 효과가 나타나고, 부모님도 아이의 독서가 얼마만큼의 가치가 있는지를 금액을 통해 실감할 수 있어서 자녀의 도서관 이용에 적극적으로 나서게 된다고 한다. 또 어린이들이 독서 통장을 학교에까지 가지고 다니게 되면서 교사들도 '아침 독서', 또는 어린이들의 니즈에 맞춘 독서 지도가 쉬워졌다고 한다.

지금까지는 막연해서 가치를 발견하기 어려웠던 측면에 주목해 그 가치를 알기 쉽게 '가시화'하면 새로운 연결고리가 만들어지고, 지속하기 어려웠던 행동을 습관으로 바꾸는 계기가 생긴다.

만화책 책등의 본능 스위치는?

본능스위치 본능스위치 본능스위치 본능스위치 본능스위치 본능스위치 본능스위치 본능스위치 본능스위치 본능스위치 본능스위치 본능스위치 본능스위치 본능스위치 본능스위치 본능스위치

HON-NOII SWITCH

무의식중에 완성하고 싶어지는
'퍼즐식' 디자인

만화책 중에는 시리즈 전체를 모아서 꽂았을 때 책등의 그림이 연결되어 완성되거나 어떠한 메시지가 나타나도록 디자인된 것이 있다. 이 경우 '내용도 재미있지만, 책등의 그림과 메시지가 완성되지 않으면 뭔가 찝찝해!', '이왕 사 모은 거 끝까지 완성해 보자!' 같은 마음에 계속해서 책을 사는 사람이 나타난다. 이렇게 차곡차곡 모았다는 사실을 나중에 되돌아보며 만족감을 얻게 하는 방식의 본능 스위치를 댐형이라 한다.

댐형 본능 스위치는 인간이 본능적으로 가지는 '수집하고 싶다', '완성하고 싶다'라는 마음을 자극한다. 수렵 채집 시대에 인간은 야생 동식물을 사냥하지 못할 때를 대비해 먹을 것을 모으며 살았다. 그래서 사람의 뇌 속에는 여전히 수집하고 분류하려는 욕구가 있다.

이 수렵 채집 시대의 본능을 노린 예는 퍼즐식 디자인 외에도 많다. 예를 들어 여행지 등에서 볼 수 있는 '스탬프 랠리'가 그렇다. 전체 여정 속에서 도장을 하나씩 찍어 성취감을 느끼게 하는 이 방식도 수집하고 싶고 완성하고 싶어 하는 참가자들의 마음을 자극한 것이다.

이처럼 인간의 근원적인 욕구를 자극하는 본능 스위치를 이용하면 좋아하는 책을 갖고 싶다는 주된 목적 외에도 그 책을 계속 구매하게 하는 강력한 동기를 만들 수 있다.

온라인 학습 앱 스터디 사프리의 본능 스위치는?

하기 싫은 공부를
즐겁게 바꿔주는 '게임 방식'

무언가를 꾸준히 계속한다는 것은 참 어려운 일이다. 하지만 매일의 노력을 '눈에 보이는' 형태로 바꾸면 지속하기가 훨씬 쉽다고 한다. 다만 머리로는 해야 한다는 걸 알고 있어도 자신이 귀찮다고 느끼는 상태에서는 계속하려고 해도 곧 한계에 부딪히고 만다.

예를 들면 공부가 그렇다. 해야 하는 건 알지만, 하기 싫은 마음이 더 커서 어느새 중도에 포기하고 마는 것이다. 이런 공부도 '게임 방식'으로 바꾸어 본능 스위치를 자극하면 습관을 들이기 쉬워진다.

온라인 학습 앱 '스터디 사프리'는 각 사용자에게 '이번 주 미션'을 부여하고 각 미션의 성취도와 제한 시간을 표시해 게임하는 느낌으로 공부를 진행할 수 있도록 고안했다. 이런 방법을 쓰면 매일의 노력을 가시화할 수 있음은 물론, 지금까지 품고 있던 공부에 대한 귀찮은 마음을 즐거운 마음으로 바꿀 수 있다. 또 미션을 완수하는 성공 경험이 다음 단계에 대한 동기부여로 이어지기에 관심이 계속 유지되는 효과도 기대할 수 있다.

이러한 게임 방식은 공부 외의 영역에서도 활용되고 있다. 초심을 유지하기 힘들기로 유명한 달리기나 근육 운동이 그 예다. 운동 부족이 고민되지만 도무지 지속하기 어렵다는 사람들을 위해 게임 방식을 활용해 계속 실천하게 하는 편리한 앱과 소프트웨어가 점차 늘고 있다.

눈앞에 뭔가 하기 싫은 일이 있다면 게임하듯 접근해 보는 것은 어떨까?

음식 배달 서비스의 본능 스위치는?

도착 예정 시각
11 : 28
기사님이 상품 수령을 위해
이동하고 있습니다.

HERE!

 배달 과정을 가시화해
기다림을 '기대감'으로

바야흐로 배달 앱 전성기다. 예전에는 패스트푸드처럼 자체 배달 시스템을 갖춘 점포에서만 배달 서비스를 제공했다. 그러나 최근에는 배달 전문 서비스가 급부상하면서 다양한 음식을 배달로 즐길 수 있게 되었다. 이런 서비스가 급속히 자리 잡게 된 것은 코로나 사태로 외출이 제한된 데 따른 영향도 크지만, 즐거움을 더 키워주는 특유의 아이디어도 한몫했다.

주문 후 배달될 때까지의 과정을 시각화한 것이다. 이는 소비자의 기대감 증폭으로 이어졌다. 기존 음식 배달 서비스는 상품이 도착할 때까지 별다른 정보를 제공하지 않아서 고객이 무작정 기다리는 것이 당연했다. 그런데 지금은 '준비 중', '상품 배달 중' 등의 단계를 알 수 있게 되어 있다. 게다가 배달원이 지금 어느 지점을 지나고 있는지 구체적으로 확인할 수도 있다. 자신이 있는 곳으로 상품이 점점 다가오는 상황을 시각화해서 조금씩 기대감을 키우는 방식이다. 대기 시간을 지루함에서 설렘으로 바꾸어 배달 서비스의 체험 가치를 높인 것이라고 평가할 수 있겠다.

이처럼 지루함과 스트레스를 설렘과 기대로 바꾸겠다는 발상은 앞으로도 다양한 서비스에 응용할 수 있을 것이다.

본능 스위치

(장점) 즐거운 마음으로 기다림 × (본능 스위치 유형) 댐형 × (적용 장소) 사용 체험 = 배달 과정의 가시화

투표식 쓰레기통의 본능 스위치는?

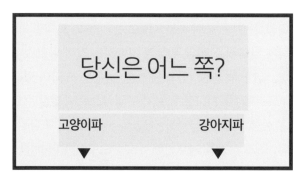

당신은 어느 쪽?

고양이파   강아지파

▼   ▼

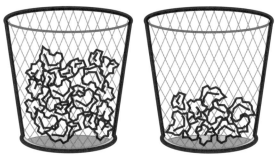

양자택일해서 버리게 하는
'투표식' 용기

쓰레기는 쓰레기통에 버리라고 아무리 호소해도 아무 데나 던지는 사람들이 으레 있기 마련이다. 그런데 강력한 경고나 상금 없이 단순한 장치만으로 쓰레기 무단 투기율을 약 절반까지 줄인 쓰레기통이 해외에 있다. 바로 투표함을 본뜬 쓰레기통이다. 쓰레기통 위에는 가령 '당신은 고양이파? 강아지파?' 같은 양자택일 형식의 질문이 적혀 있어서 투표하고 싶은 쪽에 쓰레기를 버리면 된다. 일종의 투표함이 되는 두 개의 쓰레기통은 내부가 훤히 보인다는 점이 핵심이다. 각 쓰레기통에 쓰레기가 얼마나 들어 있는지, 즉 어느 쪽의 응답이 우세한지를 한눈에 알 수 있게 되어 있는 것이다. 쓰레기통을 무심코 답변하고 싶어지는 소소한 질문의 투표함으로 만든다는 유머러스한 시각화 전략이 사람들의 참여 욕구를 일으켜 자발적인 행동을 끌어내고 있음을 알 수 있다.

이 투표 시스템은 노숙인들을 위한 경제 활동 중 하나인 '거리 토론(Street Debate)'에서도 볼 수 있다. 거리 토론이란, 노숙인이 사회에 묻고 싶은 문제를 설명하면 행인들이 동전을 던져 투표해서 노숙인을 경제적으로 지원하는 방안이다. 단순한 적선이 아니라 여론을 가시화하는 방법을 이용해 돕기까지 하는 것이다. 이는 강요 없이 자발적으로 바람직한 행동을 하게 하는 '넛지'의 좋은 예이기도 하다. 사람들의 본능을 건드리는 유머러스한 시각화 전략은 명령이나 보상과는 차원이 다른 행동을 일으킬 수 있음에 주목하자.

비 오는 날이 즐거워지는 우산의 본능 스위치는?

HERE!

비에 젖으면
'색과 무늬가 변하는' 디자인

외출하려 할 때 비가 오면 아무래도 기분이 가라앉는다. 그래서 시중에는 비 오는 날을 조금이라도 쾌적하고 즐겁게 바꾸어 보려는 제품들이 출시되어 있다. 그중에서도 주목할 상품은 비에 젖으면 색과 무늬가 변하는 비옷과 우산이다. 누구나 비에 젖는 상황은 피하고 싶은 것이 당연할 터. 그런데 이 제품들은 비에 젖으면 색이 변하고 무늬가 도드라져 오히려 적극적으로 빗속으로 나가고 싶어지는 댐형 본능 스위치가 적용되어 있다. 비에 젖는 상황을 즐기게 만드는 것이다.

이처럼 무언가가 축적되는 상황을 아름다워 보이게 만들어서 부정적인 이미지를 긍정적으로 바꾼 사례는 또 있다. 예를 들어 어떤 탈취제는 탈취 오일이 불쾌한 냄새를 처리하면 할수록 겉 포장에 꽃무늬 등이 선명하게 드러나는 디자인을 도입했다. 단순히 오일이 줄어드는 데서 효과를 실감하는 것이 아니라 패키지 디자인이 바뀌는 재미를 더해 본능적으로 끌리게 만든 것이다.

비를 피하기 위한 우산, 냄새를 없애는 탈취제는 모두 불편감 해소라는 소극적인 목적으로 사용되는 물건이다. 그런데 위에서 소개한 상품들에는 적극적으로 색과 디자인의 변화를 즐기게 하려는 목적 또한 반영되어 있다.

스마트폰 만보계의 본능 스위치는?

목표 달성을 축하합니다!

HERE!

10,000

월 화 수 목 금 토 일

조금 더 걷고 싶게 만드는
'10의 배수'

만보계 앱은 스마트폰으로 간단하게 건강을 관리할 수 있어서 매일 거르지 않고 확인하는 사람이 많다. 이 만보계 앱에는 지속적인 이용을 유도하기 위한 아이디어가 숨어있다.

그 아이디어란 10으로 똑 떨어지는 숫자, 즉 10의 배수를 목표로 삼게 만드는 것이다. 예를 들어 5000보, 10000보 등에 가까워지면 남은 걸음 수를 표시하거나, 목표 걸음 수를 달성했을 때 축하 메시지를 띄우는 등의 방법으로 10의 배수인 목표 숫자를 부각한다. 만보계뿐 아니라 저축이나 다이어트 등의 목표치를 설정할 때도 왠지 모르게 10의 배수로 설정하고 싶어진다. 이처럼 사람은 누구나 십, 백, 천, 만 단위의 숫자를 목표로 세우고 '조금만 더 힘내자!'라고 무의식중에 결의를 다지는 경향이 있다.

이에 반해, 행동경제학 이론상 10의 배수를 쓰면 안 된다고 알려지는 상황도 있다. 타인을 설득하고 싶을 때가 대표적인 예다. 흔히 10의 배수는 대충 정한 수, 10으로 떨어지지 않는 수는 정확한 수라고 생각하기 때문에 신뢰성을 높이고 싶다면 일부러라도 어중간한 숫자를 제시해야 효과적이라고 한다.

또 10의 배수는 투자의 지표가 되기도 한다. 신기하게도 주가는 500엔이나 1000엔 같은 10의 배수 전후에서는 제자리걸음을 하고 그 숫자 단위를 넘으면 단숨에 큰 변동을 보이니 말이다.

크리스마스 달력의 본능 스위치는?

HERE!

설렘을 키워주는
'카운트다운' 장치

'재림절 달력' 혹은 '어드벤트 캘린더'라고도 부르는 크리스마스 달력은 크리스마스까지 남은 일수를 헤아리며 12월 1일부터 매일 하나씩 상자를 열어보는 달력으로, 유럽에서는 크리스마스 시즌의 대표적인 상징물로 통한다. 상자를 열면 초콜릿이나 사탕, 편지, 향수 등 작은 선물이 들어있고, 모든 상자를 열고 나면 크리스마스가 찾아온다. 유럽에서 시작된 이 문화가 최근 일본에도 퍼지고 있다.

그 이유는 바로 카운트다운이 주는 설렘 때문이다. 그 설렘 때문에 '몇 밤만 더 자면…' 하고 소풍 날, 명절, 행사를 기다리지 않는가? 이는 '대입 시험까지 앞으로 ○일'처럼 목표를 향해 의지를 다질 때 사용하는 방법이기도 하다. 더 사소한 일을 예로 들면, 컵라면이 익을 때까지 기다리는 3분이라는 시간도 곧 맛있는 라면을 먹을 수 있다는 설렘을 느끼는 과정이다.

이처럼 중요한 날을 맞이하기까지 며칠이 남았는지를 헤아리다 보면 설렘이 더 커진다는 사실을 알기에 유럽 문화인 크리스마스 달력이 일본에서도 퍼지고 있는 것이 아닐까?

습관 만들기 앱 민챠레의
본능 스위치는?

Q 팀 찾기

챌린지　　　　추천　　　　다이어트

천천히 걷기

무리하지 않고 자신의 페이스대로 산책하기!
다함께 열심히 걸어봅시다!
#걷기 #산책 #마이페이스

1일 2,000걸음

하루에 2000보 걷기!
멋진 풍경을 보며 걷다 보면 어느새 2000보!

매일 걷기 운동

+팀 만들기

팀　　팀 검색　　마이데이터　　프리미엄

다함께 걸어요

12월 4일의 달성 상황 ∨　　　　8130/40000걸음

OK

오늘도 1시간 걷기 성공했어요!
けい 9:41

멋져요~!
다들 꾸준히 하고 있네요! 대단합니다!
さやか 9:41

매일 빠지지 않고 걷다니!
정말 대단해요!
9:41

보내기

Aa

팀원끼리 서로 긴장하게 만드는
'동조 압력'

건강에 관한 관심이 높아진 가운데, 집에서도 본격적으로 운동하고 생활 습관을 개선할 수 있게 도와주는 서비스가 속속 탄생하고 있다. 누구나 온라인으로 서비스를 쉽게 이용할 수 있어 호평이지만, 한편에는 트레이너와 직접 대면하거나 오프라인이 아니면 도무지 계속하기 어렵다는 사람도 적지 않다.

그렇게 작심삼일인 사람도 꾸준히 해낼 수 있게 돕는다고 하여 인기를 얻는 서비스가 있다. 습관 만들기 앱 '민챠레(みんチャレ)'다. 이 앱이 습관 형성을 돕는 비밀은 서비스의 설계에 있다. 이 앱에 가입하면 공부, 다이어트, 운동, 생활 습관병 개선 등 같은 목표를 가진 익명의 다섯 명이 팀을 이루게 되는데, 팀원들은 채팅창에 이른바 '인증 샷'을 올려 각자의 활동을 보고하고 서로를 격려한다.

사용자는 화면에 표시되는 팀원들의 실천 상황을 통해 서로 얼마나 실천했는지를 확인하며 '나도 열심히 해야지!' 하는 생각으로 게으름 피우지 않고 계속할 수 있게 된다. 이른바 동조 압력(peer pressure)을 활용하는 것이다.

동조 압력이라고 하면 사회적인 압박 등 부정적인 이미지를 떠올리기 십상이지만 이를 본능 스위치로서 긍정적으로 활용한 사례다. 단, 이 방식은 팀원들의 압박이 너무 강하면 과도한 스트레스를 초래하고, 반대로 너무 약하면 개인의 습관 형성에 아무 도움을 주지 못할 가능성이 있다. 무작정 압박을 가한다고 해서 습관이 만들어지는 것은 아니니 민챠레처럼 동조 압력을 잘 활용하는 구조를 참고하면 좋을 것이다.

식품회사 메이지가 만든 젤리의 본능 스위치는?

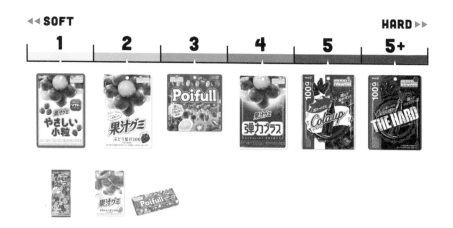

단단한 정도를 6단계로 나눈
'쫄깃쫄깃 도표'

식품회사 메이지(Meiji)가 새로운 시도를 했다. 자사에서 판매하는 모든 젤리를 단단한 정도에 따라 6단계로 나눈 '쫄깃쫄깃 도표'다. 메이지는 이 도표를 모든 젤리의 포장에 표시해 어떤 젤리가 얼마나 단단한지 알 수 있게 했다. 사실 원래 이 표는 '자신의 씹는 힘'을 알 수 있도록 하는 교합력 지표로서의 역할이었다. 씹는 힘이 약하면 음식을 잘 소화할 수 없으니 건강상 참고 자료로 쓰이도록 개발된 것이다. 그런데 메이지는 SNS를 살펴보다가 사람들이 이 지표를 다른 목적으로도 활용하고 있음을 알게 되었다. 소비자들은 '다음에는 한 단계 더 말랑한 걸 먹어 봐야지', '전체 단계를 다 먹어 보겠어' 등 '쫄깃쫄깃 도표'를 보고 여러 식감의 젤리를 시도해 보면서 젤리를 먹는 즐거움을 더 크게 느끼고 있었다. 선택 기준을 눈에 보이는 형태로 나타낸 도표가 소비자의 골라 먹는 즐거움과 도전 욕구를 자극한 것이다.

이와 비슷한 예는 다른 업계에서도 찾아볼 수 있다. 예를 들어, 어느 원두 판매점에서는 각 원두의 로스팅 정도를 7단계로 나누어 표시한 내용을 홍보 전단에 넣어서 원두 고르는 재미를 느끼게 했다. 약국에서 판매하는 모발 염색제도 마찬가지다. 그러데이션으로 색상 단계를 나타낸 도표를 보면 왠지 여러 가지 색을 다 시도해 보고 싶어진다. 이 모두가 단계별 도표를 활용해 구매 욕구와 도전 욕구를 자극하는 장치로 이용하는 사례라 할 수 있다.

치면 착색제의 본능 스위치는?

HERE!

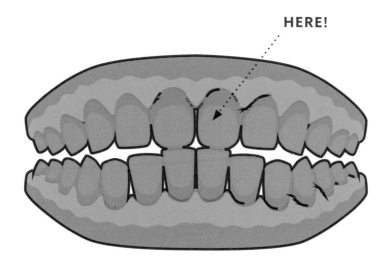

제거하지 않고는 못 배기는
'강렬한 색'

사람들은 매일 습관처럼 치약을 사용한다. 하지만 치아가 정말 제대로 닦이고 있는지 불안해하는 사람도 적지 않다. 그럴 때 쓰는 것이 치면 착색제로, 치아에 남은 치태(플라크)에 반응해 색을 내는 제품이다. 양치질이 제대로 되지 않은 부분에 빨강이나 파랑 등의 강렬한 색이 나타나기 때문에 꼼꼼하고 올바르게 칫솔질을 할 수 있게 된다. 이 '색깔 있는 액체를 깨끗이 지우려는' 행위 뒤에는 달갑지 않은 치태를 모두 닦아내고 치아를 다시 새하얗게 만들고 싶은 역 댐형 본능 스위치가 작용한다.

역 댐형 본능 스위치는 주로 위생용품에 사용되는 경우가 많다. 흔히 세탁 세제나 미용 비누 등의 광고에서 '알고 보면 오염물이 이만큼이나 남아있다!'라고 굳이 더러움을 보여주는 것이 그 예다. 이때도 오염물을 보고 불쾌한 마음이 생겨 깨끗하게 하고 싶다는 욕구가 일어난다. 집안의 문고리나 스마트폰 등에 묻은 세균이나 바이러스를 특수 조명으로 보여주는 광고도 마찬가지다. 그런 광고를 보면 '우리 집도 저렇게 오염되어 있을 테니 당장 손을 써야지!'라는 생각이 들기 마련이다.

긍정적인 인상이 쌓이게 하려면 통상적인 댐형 본능 스위치를, 반대로 부정적인 인상을 줄이겠다는 생각을 끌어내려면 역 댐형 본능 스위치를 활용하는 것이 적합하다. 상품이나 서비스의 성격에 따라 구분해서 활용해 보자.

잔량을 확인할 수 있는 우유 팩의
본능 스위치는?

HERE!

'어, 없네!' 소리는 그만!
'투명 창' 우유 팩

냉장고에서 우유갑을 꺼냈는데 우유가 거의 남아있지 않아 낭패를 본 경험은 누구에게나 있을 것이다. 쓸수록 용량이 줄어드는 것은 당연하지만 많은 사람이 남은 양을 제대로 의식하지는 못한다. 이 점에 주목해서 종이 패키지에 내용물의 잔량이 보이는 투명 창을 부착한 음료가 출시되었다. 투명 창에는 200ml 컵으로 몇 잔을 더 마실 수 있는지 한눈에 알 수 있는 눈금까지 표시되어 있다. 이렇게 하면 사용자가 음료를 새로 구매해야 할 시점을 알기 쉽다. 최근에는 종이 팩뿐 아니라 페트병 음료 라벨에도 투명한 세로 창과 ml 단위의 눈금이 표기되는 사례가 늘고 있다.

잔량을 눈에 보이게 하는 역 댐형 아이디어는 비단 음료에만 적용되지는 않는다. 예를 들어 앞으로 얼마나 더 쓸 수 있는지 가늠하기 어려운 타이어의 경우, 일정 부분까지 타이어가 마모되면 교체를 요구하는 메시지가 나타나게 만들기도 한다. 또 무선 이어폰의 충전량 저하를 알려 주는 신호음처럼 잔량 저하를 시각적 표시가 아닌 청각적 표시로 알려 주는 설계도 많다.

이렇게 다양한 방식으로 잔량을 알려주는 아이디어는 역 댐형 본능 스위치를 이용한 사례라고 할 수 있다.

스냅챗의 본능 스위치는?

주고받은 누적 일수가 표시되는
'스트릭' 기능

스냅챗(Snapchat)은 유럽과 미국을 중심으로 큰 인기를 끌고 있는 SNS로 사진이나 동영상을 개인 또는 그룹이 공유할 수 있는 앱이다. 스냅챗의 가장 큰 특징은 시간이 지나면 모든 게시물이 사라져 버린다는 점이다. 사진을 전체에 공개하는 '스토리' 기능, 선택한 친구에게만 개별적으로 사진을 보내는 '스냅' 기능도 시간이 지나면 내용이 사라지는 구조로 되어 있다. 그래서 SNS에 올릴 정도로 멋진 사진이 아니더라도 부담 없이 올릴 수 있다는 점에서 큰 인기를 얻고 있다.

수많은 서비스가 뜨고 지는 SNS 업계에서 스냅챗이 살아남을 수 있었던 비결은 무엇일까? 사실 스냅챗에는 독특한 장치가 있다. 바로 '스트릭(Streak)'이라고 불리는 기능인데, 친구와 연속으로 사진, 동영상을 주고받은 일수를 기록해 주는 것이다.

예를 들어 14일 연속으로 연락을 주고받으면 그 상대와의 채팅방에 14라는 숫자가 표시된다. 그 숫자는 서로만 볼 수 있다. 둘만의 이 비밀스러운 숫자가 친구 또는 연인 간 친밀감의 증거로 인식되는 것이다. 하루라도 메시지를 주고받지 않으면 숫자가 다시 0으로 돌아가기에 연락을 매일 주고받게 된다고 한다. 물론 깜빡 잊고 메시지를 보내지 않는 날도 있을 수 있다. 그럴 때를 위해서 메시지가 뜸할 때는 모래시계 마크를 띄워 앞으로 몇 시간 이내에 메시지를 보내지 않으면 기록이 사라진다는 사실을 알린다. 이 기능이 연속 기록에 대한 의욕을 자극하는 것이다.

운동 동영상의 본능 스위치는?

HERE!

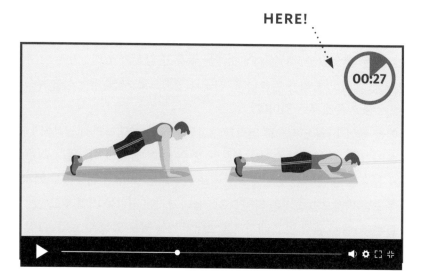

00:27

 운동 진척 정도를 보여주는
동영상 내 '지표 표시'

동영상을 보면서 운동하는 문화는 코로나 등으로 집에서 지내는 시간이 늘어나면서 급격히 퍼졌다. 동영상 사이트에 업로드되어 있는 다양한 운동 영상에도 사람들이 운동을 지속하게끔 만드는 본능 스위치가 숨어있다.

바로 운동의 진척 정도를 보여주는 지표 표시다. 현재 어느 정도 운동을 마쳤는지 그래프로 표시해 주는 것도 있고, 운동 설정 시간이 카운트다운 방식으로 점차 줄어드는 초시계로 나타나는 것도 있다. 이 지표 표시는 이용자가 얼마나 노력했는지를 보여주는 역할도 한다.

하버드 경영대학원의 한 명예교수는 '의욕은 자신이 앞으로 나아가고 있음을 느낄 때 샘솟고, 정체됐다고 느낄 때 현저히 떨어진다'라고 지적했다. 따라서 운동 중에 동영상에 표시되는 지표를 보면 자신이 열심히 노력하고 있다는 사실을 직관적으로 느낄 수 있어서 운동을 끝까지 완수하는 데에 동기부여가 된다는 것이다.

일반적으로 근력 운동을 할 때 신체 변화는 최소 2~3개월이 지나야 나타난다고 알려져 있다. 그래서 무작정 운동을 계속하기만 해서는 자신이 목표에 다가가고 있는지 알 길이 없고, 의욕을 유지하지 못해 좌절할 가능성이 높다.

비단 운동만 그렇지는 않다. 사람은 결과만을 바라기 쉬운데, 그 과정을 가시화하여 보여주면 원하는 결과를 성취하는 데 큰 도움이 된다.

기록 관리 앱의 본능 스위치는?

MONTHLY
RUNNING
ACTIVITY

KM

DAY

HERE! :

달린 거리, 저축액 등
행동 기록을 시각화한 '그래프'

기록 관리 앱은 다이어트나 저축 등의 습관 형성을 도와주는 장치로 이용된다. 그런데 기록 관리 앱을 사용하면 어째서 의욕을 유지하기 쉬워질까?

그 비밀 중 하나는 그래프에 있다. 다수의 기록 관리 앱은 달린 거리나 쌓인 저축액을 꺾은선 그래프 등을 활용해 시각적으로 표시해 준다. 숫자나 문자만으로는 이해하기 어려운 행동 기록의 결과를 한눈에 파악하고, 데이터가 시사하는 바를 직관적으로 확인할 수 있는 것이다. 이용자들은 그 결과에 따라 자신의 성장을 실감하기도 하고, 그래프가 아래로 내려가면 다시 한번 분발해야겠다는 위기감을 갖기도 한다.

그래프화 기법은 날로 진화하고 있다. 어떤 가계부 앱은 미리 설정한 이상적인 지출액과 실제 지출액의 차이를 그래프로 표시하는 기능을 갖추고 있고, 지출 항목의 비율을 나타낸 원그래프의 변화를 시간의 흐름에 따라 보여주기도 한다.

이처럼 데이터나 정보를 가시화하는 기법을 인포그래픽이라 부른다. 이때 그래프는 단순한 정보 전달의 수단에 그치지 않고 이용자의 흥미를 유발해서 계속 보게 만드는 시각적 콘텐츠로서의 의미도 갖게 된다. 정보가 넘쳐나는 시대이기에 데이터를 즐겁고 알기 쉽게 만드는 아이디어는 앞으로 더욱 중요해질 것이다.

여행 사이트의 본능 스위치는?

현재 12명이 이 페이지를 보고 있습니다.

HERE!

예약 페이지로 이동

'현재 ○명이 보고 있습니다'
'○명이 예약했습니다'라는 문구

대기 손님들이 늘어선 가게를 보면 왠지 한번 들어가 보고 싶은 마음이 든다. 하지만 웹사이트는 접속한 사람들이 얼마나 되는지 보이지 않아서 그런 생각을 품기 어렵다. 그래서 때에 따라서는 많은 사람이 접속해 있는 줄도 모르고 하염없이 기다리다 구매하려던 상품이 매진되어 낙심하기도 한다.

이를 해결한 것이 여행 사이트에서 흔히 볼 수 있는 '현재 ○명이 보고 있습니다', '24시간 이내에 ○명이 예약했습니다'라는 문구 표시다. 마치 줄 서있는 대기 고객을 눈앞에 보여주는 듯한 연출이다. 이 순간 같은 화면을 여러 사람이 보고 있다고 생각하면 '이 상품을 많은 사람이 좋아하는구나'라고 짐작할 수 있다. 홈쇼핑 사이트의 후기 수가 많은 것과 같은 역할을 하는 것이다.

행동경제학에서는 이런 현상을 '밴드왜건 효과(bandwagon effect)'라고 부른다. '밴드왜건'이란 행렬의 선두를 달리는 화려한 악대차를 말하며, '밴드왜건을 타다(jump on the bandwagon)'라는 표현은 '시류를 타다, 우세한 편에 서다'라는 의미다. 즉 밴드왜건 효과는 많은 사람이 지지하고 있으니 틀림없을 거라고 무심코 동조해 버리는 심리를 가리킨다.

'현재 ○명이 보고 있습니다'라는 문구는 밴드왜건 효과를 활용한 본능 스위치였던 것이다. 한편 '○명이라는 문구 표시는 무작위로 표시되는 숫자일 뿐이다!'라는 해외 인터넷 기사가 화제가 된 적이 있다. 물론 모든 사이트가 다 그렇지는 않겠지만, 주어지는 정보에 무작정 휩쓸리지 말고 자기 눈으로 잘 확인하는 것도 중요하겠다.

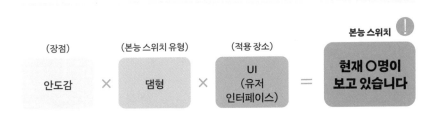

절취식 회화 시리즈의
본능 스위치는?

HERE!

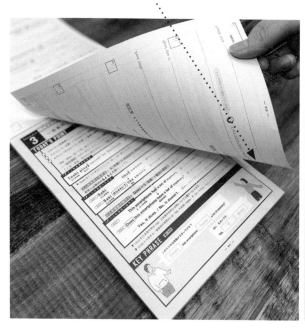

진도가 나갈수록
얇아지는 '교재의 두께'

어른이 되고 나서는 학창 시절만큼 공부를 열심히 하기 어려워 고민이라는 사람들이 있다. 자격증을 취득하려고 굳은 결심을 하고 참고서를 샀지만, 책상 위에서 먼지만 쌓여 간다는 이들도 적지 않을 것이다.

그런데 성인용 외국어 학습 교재인 '절취식 회화 시리즈'는 학습을 지속하기 쉬워 인기를 끌고 있다. 비결은 '절취식'이라는 데에 있다. 한 주제가 앞뒤 양면 한 장에 들어 있어서 틈새 시간에도 공부할 수 있는 구조로, 학습을 마친 페이지를 떼어내면 그만큼 교재 본체가 얇아진다. 그 결과, 교재의 두께만 봐도 '내가 이만큼 공부했구나' 하는 공부량을 파악할 수 있어서 자신감이 생기게 된다. 공부하면 할수록 성취감이 느껴지고 의욕이 생기는 교재인 것이다.

학창 시절에는 연습장을 두 권, 세 권 채우면서 자신의 공부량을 확인하는 경우도 많다. 그런데 이 교재는 그 반대의 접근법을 이용해 교재의 두께를 줄여서 공부량을 실감하게 한다. 일을 하다 보면 해야 할 과제, 과제를 적은 포스트잇이 산더미처럼 쌓이기 일쑤다. 하지만 일이 진척되면 포스트잇이 서서히 정리되고, 그 모습을 보면 쾌감이 느껴지기 마련이다. 바로 그 느낌을 교재 두께로 실현한 아이디어다.

5장

아날로그형 본능 스위치

**디지털 체험 시 일부러
아날로그 반응을 느끼게 하는
본능 스위치**

전자 결제 서비스의 본능 스위치는?

결제됐음을 알려주는 '알림음'

전자 결제 서비스는 코로나를 계기로 단숨에 세상에 정착했다. 번거로운 동전 계산 필요 없이 카드 등을 단말기에 갖다 대기만 해도 결제가 되는 편리한 서비스다. 여기에는 아날로그형 본능 스위치가 활용되었다. 바로 '알림음'이다. 이를 통해 계산하는 점원이나 손님 모두 결제가 완료되었다는 사실을 인식할 수 있는데, 소리의 효과는 그뿐만이 아니다.

일본에서 교통 IC 카드로 자동 개찰기를 통과할 때를 예로 들어보자. 정기권 구간 내에서는 개찰기가 '삐'하는 짧은 음을 내지만, 구간 밖일 때는 '삐삐'하고 주의를 환기하는 소리를 낸다. 또 정기권이 만료됐거나 잔액이 부족할 때는 '삐이이이'하는 부정적인 소리, 카드를 제대로 읽지 못했을 때는 '삐삐삐삐삐삐'하고 이상이 있다고 느껴질 만한 소리가 난다. 소리를 통해 카드가 정상적으로 인식되고 있는지를 직감적으로 알 수 있게 한 설계다.

사용자의 동작에 대해 도구가 어떤 형태로든 피드백을 보내주면 사용자는 도구의 상태를 알 수 있다. '인터랙션(interaction, 상호 작용)'이라고 부르는 이 관계성은 서비스의 UI/UX 설계에서 매우 중요한 요소로 여겨진다. 전자 결제는 소리를 이용해 동작에 대한 피드백을 제공한다. 매우 단순한 방법이지만, 잊고 있던 아날로그 감각을 되살려 줄뿐만 아니라 사용 체험을 한층 더 기분 좋게 만들어준다는 점에서 주목할 만하다.

전자 도장의 본능 스위치는?

HERE!

공식적인 느낌을 주기 위해
'아날로그 시대 디자인'을 답습

최근 사회가 지속가능발전목표(SDGs)를 주목하는 가운데 코로나까지 겹치면서 종이 문화가 주류인 일본에서도 페이퍼리스(paperless) 시스템이 급속히 퍼졌다. 디지털로 서류를 주고받는 일이 많아지면서 전자 도장을 사용할 일은 앞으로도 늘어날 것으로 예상된다. 그런데 전자 도장을 보면 아날로그 시대 도장의 색과 모양을 본뜬 것이 많다. 사실 도장의 색은 법률로 따로 정해져 있지 않아서 아무 색이든 상관없다. 온라인에서 사용할 거라면 다양한 색과 모양으로 만들어도 좋을 텐데, 왜 아날로그 시대의 디자인을 답습하는 것일까?

역사를 거슬러 올라가 보면, 도장의 기원이 되는 '인장'이 사용되기 시작한 시기는 기원전 5천 년 무렵으로 알려진다. 당시 사람들은 인장에 거룩한 힘이 깃들어 있다고 생각했다. 그래서 그 신성한 힘이 소유물을 보호할 수 있도록 인장을 찍어 자신의 소유물임을 공식적으로 드러냈다.

또 옛날부터 여러 나라에서 주홍색은 불이나 피를 상징하는 신성한 색으로 여겨졌는데, 일본에서도 신용이나 신뢰를 나타낼 때 자기 피를 이용해 인장을 찍는 혈판을 썼다.

그렇게 해서 도장을 찍는 행위는 그 서류의 내용을 확인하고 합의했다는 의미가 되었다. 도장이 찍혀 있으면 서류를 받는 쪽도 그 서류에 공신력이 있다고 안심하고 믿을 수 있다. 이러한 역사가 쌓여서 온라인에서도 아날로그 시대의 색과 모양을 답습한 도장을 사용해 공식적인 느낌을 변함없이 연출하는 것이다.

웹사이트의 '로딩 중' 표시의
본능 스위치는?

LOADING

HERE!

불안감을 해소해 주는
'빙글빙글 회전하는 이미지'

웹사이트 로딩 중이나 기기를 껐다 켤 때 화면에 나타나는 빙글빙글 회전하는 이미지. 누구나 한 번쯤 본 적이 있는 이 이미지의 명칭은 바로 '프로그레스 인디케이터(progress indicator)'다.

클릭 후에도 화면이 몇 초간 움직이지 않으면 클릭을 더 해야 하는지, 컴퓨터가 멈춰 버린 건 아닌지 걱정이 되기 마련이다.

프로그레스 인디케이터는 그 불안감을 해소하는 역할을 한다. 우리는 신기하게도 화면상에서 빙글빙글 돌아가는 이미지를 보면 '아, 뭔가가 움직이고 있구나' 라고 생각하며 시스템이 정상적으로 작동하고 있다고 짐작하고 편안한 마음으로 기다릴 수 있게 된다. 이렇게 빙글빙글 회전하는 이미지 유형 외에 또 다른 인디케이터가 하나 더 있다.

바로 달성률을 나타내는 지표다. 완료 정도를 0%에서 100%까지 보여주는데, 이때는 선형이나 원형 디자인을 이용하는 경우가 많다. 대기 시간이 짧을 때는 회전하는 이미지를, 10초 이상 걸리는 처리에는 달성률을 나타내는 선형이나 원형 인디케이터를 쓰는 것이 일반적이다.

언뜻 보면 작은 이미지에 불과하지만, 화면에 표시될 때와 그렇지 않을 때의 사용자의 심리 반응은 크게 달라진다. 사용자 편의성을 높여주는 본능 스위치인 것이다. 누가 개발했는지는 모르겠지만, 사용자를 배려하는 마음이 유달리 강한 사람이었을 것 같다.

스마트폰 입력 조작의
본능 스위치는?

HERE!

PLAY !

일부러 진동을 주어 조작감을
느끼게 하는 '햅틱' 기술

현대 사회에서 디지털화의 장점은 이루 말로 다할 수 없다. 하지만 디지털화로 잃어가는 가치에도 주목할 필요가 있다. 최근에는 터치스크린을 가볍게 건드리는 것만으로도 모든 작업을 진행할 수 있는 시스템이 많지만, 조작감을 실감하기는 어렵다는 평도 많다. 바로 그 조작감을 되찾아 준 기술이 '햅틱'이다. 햅틱이란, 일부러 진동을 일으켜서 조작감을 느끼게 해주는 디지털 기술을 말하며 촉각 피드백 기술이라고도 부른다.

예를 들어 스크린에 손가락이 닿을 때마다 촉감으로 반응을 느낄 수 있는 스마트폰이 있다. 화면을 손가락으로 누를 때 손가락 끝에 진동이 전해져 오는 방식 등을 이용한 것이다. 컴퓨터를 쓸 때 마우스의 버튼을 클릭하면 손으로 조작하고 있다는 실감이 오듯이, 진동을 이용한 피드백으로 확실한 조작감을 느낄 수 있어 안심하고 기분 좋게 조작할 수 있다.

햅틱은 자동차 산업에도 활용된다. 전자 제어로 구동하는 방식의 자동차는 조작감이 약한 데다 브레이크가 잘 듣는지, 노면에 요철이 있는지 등을 알기 어렵다는 문제가 있다. 이를 해결하기 위해 전자 제어로 구동하는 자동차는 상황에 따른 반동력을 인공적으로 만들어 운전자에게 진동을 전달하는 기술을 이용한다. 진동을 이용한 햅틱을 통해 디지털 기기의 사라진 조작감을 되찾으려는 노력은 디지털 시대에 사실감을 연출하는 핵심 기술이라고 할 수 있겠다.

스마트폰 카메라의 본능 스위치는?

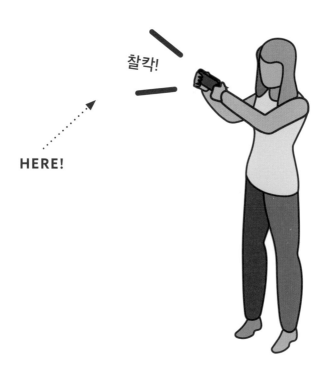

찰칵!

HERE!

카메라로 촬영하는 느낌을 주는
아날로그 '셔터음'

스마트폰으로 사진을 찍으면 찰칵 소리가 난다.

일본에서는 100% 소리가 나게 되어 있는데, 해외 스마트폰은 음을 소거할 수 있는 사양도 있다. 소리가 나는 이유로는 여러 설이 있는데 일본에서는 불법 촬영 방지를 위해 소리를 끌 수 없도록 만들었다고 알려져 있다. 하지만 무음으로 촬영할 수 있는 앱 등도 있으므로 꼭 불법 촬영 방지만이 이유인 것은 아닌 듯하다. 왜냐하면 '찰칵'하는 소리는 사진을 찍을 때 작동되는 본능 스위치 중 하나이기 때문이다.

필름 카메라나 인스턴트 카메라는 카메라의 구조상 사진을 찍을 때 미러가 움직이는 소리나 셔터를 내리는 소리가 나게 되어 있다. 그런데 스마트폰 카메라는 셔터가 전자식이어서 기존의 기계식 셔터에서 나는 찰칵 소리 없이도 촬영할 수 있는 구조다. 그런데 소리가 나지 않다 보니 순간을 기록하는 촬영 행위를 하고 있다고 실감하기가 어려워졌다. 그래서 스피커를 통해 셔터음이 나는 것처럼 찰칵 소리를 들려주는 것이다. 컴퓨터로 스크린샷을 찍을 때도 찰칵 소리가 나는데, 해당 영역을 사진 찍듯 잘라내는 느낌을 주기 위해서라고 생각된다.

이처럼 이미 불필요해진 요소를 굳이 남기는 행위는 앞으로 기술이 더 진화하더라도 자꾸 늘지 않을까 싶다.

하이브리드 자동차 엔진음의
본능 스위치는?

일본이 만들어 세계 표준이 된
'인공 엔진 소리'

골목길을 걷다가 뒤에서 들려오는 '위이잉'하는 엔진 소리로 하이브리드 자동차의 접근을 알아챌 때가 있다. 이제는 이 소리가 인공적인 소리라는 사실을 아는 사람도 많다. 그런데 하이브리드 자동차 출시 초기에는 이런 소리가 없었다. 하이브리드 자동차는 90년대 후반에 등장해 친환경성뿐 아니라 저소음이라는 면에서 이목을 끌었는데, 너무 조용해서 보행자들이 차가 접근한다는 사실을 눈치채지 못한다는 문제가 있었다! (기술의 진보가 얼마나 어려운지 보여주는 대목이다.)

일본은 이에 대해 누구보다 빨리 대책을 세웠다. 차량 접근 장치를 장착하고 인공적인 소리를 추가한 것이다. 그것이 바로 '위이잉' 하는 엔진 소리다. 출시 후 약 10년 뒤의 일이었다. 이후 일본의 대책은 세계 표준으로 자리 잡았다.

이는 스마트폰의 카메라 셔터 소리와 마찬가지로 디지털화되면서 사라진 요소를 되살린 아날로그형 본능 스위치의 전형적인 사례라고 할 수 있다. 그런 의미에서는 '삐삐'하는 경보음보다 엔진을 연상시키는 '위이잉' 소리가 적합했다고 생각된다.

하지만 차량 접근 장치는 아직 완벽하지 않으며, 제조사에 따라 제반 여건도 달라서 자동차에 관심이 없는 사람이나 시각장애인의 경우는 이 인공음이 자동차에서 나는 소리인지 아닌지를 바로 알아차리기 어려울 수 있다고 한다. 앞으로는 더 알기 쉬운 소리로 바뀔까? 아니면 전혀 다른 대책이 등장할까? 본능 스위치의 새로운 진화를 기대해 본다.

NFT 트레이딩 카드의
본능 스위치는?

HERE!

NFT

'트레이딩 카드'에 비유한
의도적인 아날로그식 네이밍

디지털은 눈부시게 진보해 최근에는 'NFT(Non-Fungible Token)'나 '메타버스' 등 새로운 서비스와 시스템이 등장하고 있다. 그런데 NFT 안에도 본능 스위치가 숨어있다. NFT는 '대체 불가능한 토큰'이라는 뜻이다. 디지털 데이터는 복제 가능한 것이 많지만, NFT는 위조나 변조가 불가능한 유일무이한 데이터다.

NFT에는 다양한 형태가 있는데, 손쉽게 이용할 수 있어서 주목받는 것이 '디지털 트레이딩 카드'다. 말 그대로 디지털로 이루어진 트레이딩 카드[8]로서 스포츠 팀이나 아이돌 그룹이 판매 중이다. 그런데 이것을 왜 아날로그 시대부터 쓰던 '트레이딩 카드'라고 이름 붙였을까?

새로운 기술을 소개할 때, 기존의 익숙한 요소를 대입시켜 이해하기 쉽게 만들거나 이용을 촉진하는 경우가 있다. '디지털로 만든 트레이딩 카드 같은 것'이라고 설명하면 이미지가 바로 떠오르는 것처럼 말이다. 비슷한 예로 이메일을 나타내는 아이콘은 그 모양이 편지봉투 형태다. '편지 같은 것'이라고 표현하여 처음 보는 사람도 감각적으로 이해할 수 있게 고안했기 때문이다. 지금까지 없었던 새로운 기술을 제시할 때, 고객이 안심하고 시도할 수 있도록 아날로그 느낌이 나는 명칭 또는 디자인으로 본능 스위치를 자극하는 아이디어를 활용해도 좋을 것이다.

디지털 오디오 플레이어의
본능 스위치는?

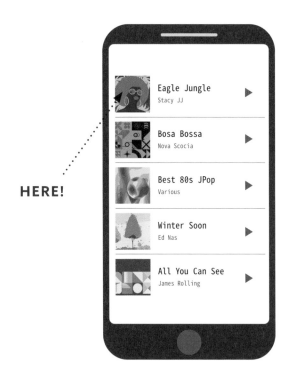

HERE!

Eagle Jungle
Stacy JJ

Bosa Bossa
Nova Scocia

Best 80s JPop
Various

Winter Soon
Ed Nas

All You Can See
James Rolling

컬렉터 정신을 자극하는
'앨범 재킷' 디자인

150

과거에 레코드나 CD를 사 모으던 음악 애호가들도 지금은 대부분 디지털 오디오 플레이어를 이용한다. 언제 어디서나 좋아하는 음악을 스트리밍해서 들을 수 있어 대단히 편리하니 말이다. 하지만 편리함 외에도 디지털 오디오 플레이어의 정착에 도움을 준 요소가 있다.

바로 앨범 재킷 디자인이다. 뮤지션을 검색하면 곡명이나 앨범명만 나열되는 것이 아니라 그 뮤지션의 앨범 디자인까지 함께 뜬다. 과거 자신이 좋아하는 뮤지션의 CD를 모으고 그 컬렉션을 감상하며 즐거워한 경험이 있는 사람이라면 반가울 수밖에 없다. 재킷 디자인을 보고 앨범을 사던 사람들은 디지털 오디오 플레이어에 뜨는 앨범 디자인을 봤을 때도 마찬가지로 구입해서 들어보고 싶은 욕구를 느낀다는 말이다. 디지털 세계에서도 재킷 디자인이 구매를 자극하는 요소로 작용하는 것이다. 이렇게 음악 애호가의 수집 욕구를 충족해주는 장치는 아날로그 매체에서 디지털 오디오 플레이어로 자연스럽게 넘어왔다.

이런 방식은 만화 앱이 작품 목록을 제시할 때 책장에 책이 진열된 디자인을 차용하는 등의 형태로 답습되고 있다. 세상을 디지털화할 때는 편리함이나 효율성만 중요시해서는 안 된다. 구매 행위를 이끄는 소비자의 욕구를 직시해야 하는 것이다.

151

니코니코 동영상의 본능 스위치는?

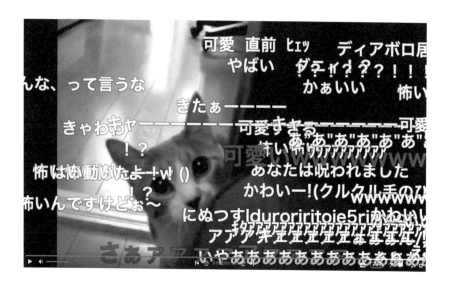

요즘 세상에 없어서는 안 될 만큼 많은 이들에게 크게 사랑받고 있는 동영상 공유 사이트. 일본의 유명한 1세대 동영상 공유 사이트 중 하나는 바로 '니코니코 동영상'이다. 2006년 처음 등장했을 때는 다들 낯설게 여겼지만, 불과 반년 만에 이용자가 100만 명으로 늘며 급성장을 이루었다. 큰 사랑을 받은 까닭은 여러 가지겠지만, 가장 대표적인 요인은 재생 중인 동영상 화면 가득히 흘러가는 시청자들의 '댓글 폭탄'이었다. 이용자들이 서로 다른 시간에 시청하더라도 댓글을 남길 수 있고, 댓글의 길이에 따라 화면 위를 흐르는 속도를 바꿀 수 있으며, 댓글이 대량으로 달릴 때는 레이아웃을 일부러 무너뜨리는 등의 알고리즘이 적용된 방식이었다.

이러한 표현의 강약 조절은 커뮤니티가 왁자지껄 달아오르는 느낌을 제대로 살려주면서 이용자들의 참가 욕구를 자극했다. 디지털 커뮤니티의 경우, 실제 오프라인 커뮤니티와 달리 분위기가 잘 전달되지 않는 만큼 댓글에 나타나는 분위기를 얼마나 가시화할 수 있는지기 아주 중요하다.

시청 중 다양한 방식으로 후원금을 보낼 수 있는 생방송이나 다른 이용자와 상호 작용하며 놀 수 있는 온라인 게임이 인기를 끄는 이유도 왁자지껄한 분위기를 잘 연출하기 때문이다. 메타버스를 필두로 디지털 커뮤니티의 중요성이 점차 높아지는 가운데, 앞으로 디지털 공간은 왁자지껄한 분위기를 어떻게 표현하는지가 성공의 관건이 될 것 같다.

기프트 카탈로그의 본능 스위치는?

HERE!

마음을 전달하는
아날로그만의 '무게감'

최근 일본에서는 결혼식 답례품 등으로 기프트 카탈로그를 증정하는 사람이 늘고 있다. 선물 포장용 전통 장식을 붙인 상자에 카탈로그가 들어 있는데, 선물 받은 이가 그중 자기 마음에 드는 상품을 골라 엽서나 인터넷으로 직접 주문하는 방식이 일반적이다. 기프트 카탈로그 중에는 책자 대신 카드에 URL을 기재해서 보낸 뒤, 받는 이가 자신이 원하는 선물을 온라인상에서 선택하는 방식도 있지만, 책자가 들어 있으면 왠지 정성이 더 잘 전해지는 것 같다.

굳이 아날로그 방식으로 책자를 선물로 보내는 장점은 '무게감'에 있다.

기존의 연구를 살펴보면 상품의 내용물이 같더라도 더 단단하고 더 무거울 때 받는 사람이 느끼는 품질에 대한 신뢰도는 높아진다고 한다. 즉, 상대에게 마음을 전하고 싶을 때는 URL이 적힌 카드보다는 손에 들었을 때 무게감이 느껴지는 카탈로그를 보내는 편이 효과적이라는 말이다.

같은 맥락에서 자녀의 사진을 부부, 조부모가 공유할 수 있는 앱의 경우, 앱에 올려둔 사진을 언제든지 볼 수 있는데도 그 사진을 실제 앨범이나 DVD로 만들어 주는 서비스를 제공하고 있다. 음악 스트리밍 서비스 또한 곡을 디지털로 들을 수 있지만, 굳이 CD를 판매해서 디지털과 아날로그의 장점을 둘 다 활용한다.

무엇이든 온라인상에서 디지털로 손쉽게 해결할 수 있는 시대. 그렇기에 오히려 아날로그에서만 느낄 수 있는 '무게감'을 본능 스위치로 작동시켜 서비스의 만족감을 높이려는 의도가 담긴 것은 아닐까?

가족형 로봇의 본능 스위치는?

HERE!

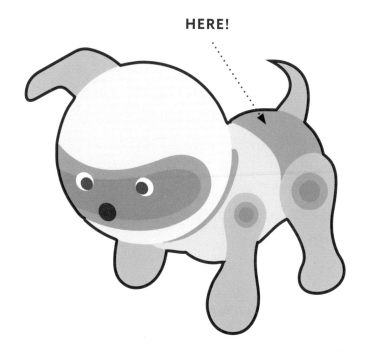

 안았을 때 느껴지는
살아있는 듯한 '온기'

로봇 기술의 눈부신 발전으로 지금은 간단한 집안일을 도와주는 유형뿐 아니라 뒤구르기 등 고도의 운동 능력을 갖춘 유형까지 다양한 형태의 로봇이 나오고 있다. 그런 가운데 재조명되고 있는 유형이 '가족형 로봇'이다. 가족형 로봇은 1인 가구의 증가와 언택트 소비의 영향으로 부담 없이 집에 들일 수 있는 반려동물로서 주목받고 있다. 현재 출시된 유형으로는 쓰다듬으면 꼬리를 흔드는 것부터 보채거나 질투하는 감정을 표현하는 것까지 매우 다양하다.

　이처럼 가족형 로봇에는 주인이 사랑할 수밖에 없는 아이디어가 많이 도입되어 있는데 그중에는 안았을 때에 비로소 느껴지는 놀라운 요소도 있다. 사람의 피부나 진짜 동물과 같은 '체온'으로 설정되어 있다는 점이다. 내부에 온도를 관리하는 발열 장치가 내장되어 있어 주인이 로봇을 만지면 마치 살아 있는 듯한 온도감이 느껴지기 때문에 반려동물로서의 온기와 유대감을 느끼기 쉽다.

　온도와 사람의 감정이 밀접하게 연관되어 있다는 사실은 '따뜻한 눈빛', '얼음장 같은 미소' 등의 표현만 봐도 알 수 있다. 과학적으로 접근하더라도 물리적으로 따뜻하면 심리적인 온기를, 차가우면 고독감을 느끼기 쉽다는 사실은 잘 알려져 있다. 이런 점을 활용해 아이디어를 짜 보면 어떨까? 예를 들어 상황에 맞춰 온도가 변화하는 게임 컨트롤러 등 새로운 체험을 제공할 힌트를 찾을 수 있을지도 모르니까 말이다.

전자책의 본능 스위치는?

HERE!

종이책처럼 페이지가 넘어가는
'책장 애니메이션'

전자책은 새로운 독서 형태로 자리 잡고 있다. 리더기의 크기가 작아 휴대하기 편하고 형광펜이나 메모 기능 등이 탑재된 것도 있어 대단히 편리하다는 평이다. 이런 전자책에도 본능적으로 '사용하기 쉽다'는 느낌을 주기 위한 아이디어가 녹아 있다.

그것은 바로 페이지가 넘어갈 때에 나오는, 종이책의 낱장을 넘기는 듯한 애니메이션이다. 비슷한 디자인의 페이지가 계속되는 전자책의 특성상, 이러한 아이디어가 없으면 페이지를 넘겼을 때 앞으로 갔는지 뒤로 갔는지를 즉각적으로 알기 어려워 당황할 가능성도 있다. 그런데 책장 애니메이션이 더해지면 페이지의 움직임을 확인할 수 있어서 스트레스 없이 이용할 수 있다.

또 권말 표나 색인 페이지에서 여러 챕터 앞의 페이지로 바로 돌아갈 수 있는 기능이 있는데, 이는 종이책을 읽을 때 손가락을 해당 페이지에 책갈피처럼 끼우는 행위에서 얻은 아이디어다. 이 외에도 종이 질감을 내기 위해 블루라이트의 반사를 최소화해서 눈에 부담 없이 독서를 즐길 수 있도록 고안된 기능도 적용되어 있다.

디지털화가 진행될수록 아날로그의 가치가 재평가되는 현상이 비단 이 사례에만 국한된 이야기는 아니지만, 전자책은 독서 본연의 매력을 해치지 않기 위해 책 읽는 사람들을 잘 관찰해서 만들어졌음을 알 수 있다.

(장점) 종이책의 책장을 넘기는 느낌 × (본능 스위치 유형) 아날로그형 × (적용 장소) 서비스 사용 경험 = 본능 스위치 **책장이 넘어가는 애니메이션**

6장

세리머니형
본능 스위치

**과거에 쾌감을 주었던
의식 절차의 순서를 그대로 활용한
본능 스위치**

하이볼의 본능 스위치는?

HERE!

자꾸만 건배하고 싶어지는
묵직한 '생맥주잔'

1970년대, 일본 주류업체 산토리는 저조한 위스키 판매량을 늘리고자 하이볼을 마케팅에 활용했다. 이 방안이 성공하면서 일본에서 위스키는 물론이고 하이볼 시장까지 폭발적으로 커졌다. 그런데 하이볼의 견고한 시장 점유율 이면에는 실로 탁월한 아이디어가 숨어있다. 바로 하이볼을 낼 때 '맥주잔'을 쓴다는 점이다.

산토리는 어떻게든 위스키 소비를 늘리려고 건배에 쓰는 술을 맥주에서 하이볼로 바꾸려 노력했다. 하지만 일상에 스며든 습관을 바꾸기는 쉽지 않다. 그때 주목한 것이 '맥주를 마실 때 나타나는 사람들의 행동'이었다. 사람들은 커다란 생맥주잔을 들고, 건배를 외친 뒤, 꿀꺽꿀꺽 마시고 엄청난 쾌감을 느낀다. 즉, '①맥주잔을 든다', '②건배한다', '③벌컥벌컥 마신다'라는 세 단계가 일종의 의식처럼 자리 잡고 있었다. 이를 알아챈 산토리는 기존에 쓰던 하이볼용 날씬한 유리잔을 과감히 생맥주잔으로 바꾸었다.

이 방법은 효과를 거두었다. 물론 알코올 도수를 조정하고 제조법을 고안하는 등 다양한 성공 요인이 있었지만, 습관화라는 관점에서 보았을 때 잔을 바꾸지 않았다면 지금처럼 하이볼로 건배하는 문화는 보기 어려웠을 것이다.

사람은 몸에 배어 있지 않으면 아무리 장점이 크더라도 좀처럼 새로운 행동을 반복할 수 없다. 이에 건배할 때마다 생맥주잔을 들어 올리는 행동을 그대로 도입해서 스트레스 없이 하이볼을 소비할 수 있게 만든 것이다.

(장점)		(본능 스위치 유형)		(적용 장소)		본능 스위치 ❗
건배주로 쓰임	×	세리머니형	×	제공 방법	=	생맥주잔

벽걸이형 CD 플레이어의
본능 스위치는?

사진: 후지이 다모쓰(藤井保)　디자인: 후카사와 나오토(深澤直人)

끈을 잡아당기고 싶은
'환풍기' 모양 디자인

벽걸이형 CD 플레이어는 2000년에 무인양품에서 출시되어 한 시대를 풍미했다. 당시 오디오 기기 업체들은 대형 스피커를 탑재하거나 중저음 재현 성능을 높이며 경쟁을 펼치고 있었다. 그 가운데 시대 흐름에 역행하며 환풍기 같은 외형으로 가벼운 소리를 내는 이 상품에 이목이 쏠렸다. 이 환풍기 모양 디자인에 많은 사람이 매료된 이유는 무엇이었을까?

일본 주택의 환풍기는 끈을 당기면 팬이 천천히 회전하기 시작해서 시간이 조금 지나면 회전 속도도 안정되고 바람 소리도 일정해진다. 무인양품은 이 일련의 동작을 오디오 기기에 적용했다. 끈을 당기면 CD가 서서히 회전하기 시작하고 이윽고 음악이 흘러나오는 것이다. 생활 기기를 작동시키는 느낌을 오디오 기기에 접목해 음악으로 해당 공간을 환기시키는 느낌을 줌으로써 기존의 '사운드에 집착하던 음악'에서 '생활 속에 녹아드는 음악'으로 가치를 전환한 것이다.

버튼 하나만 누르면 빠르게 전원을 켜고 끌 수 있는 기능은 당연히 편리하다. 하지만 과거에 생활 가전이나 게임기를 작동시킬 때 매번 느꼈던 약간은 지루한 부팅 시간이 사라져 왠지 싱겁게 느껴지기도 한다. 이 제품이 소비자의 마음을 사로잡은 것은 단순히 환풍기 모양이라서가 아니라, 추억 속 여러 기기처럼 끈을 잡아당기는 데서 시작되는 일련의 아날로그적인 동작을 체험할 수 있게 설계되었기 때문이 아닐까?

디지털 공연 티켓의 본능 스위치는?

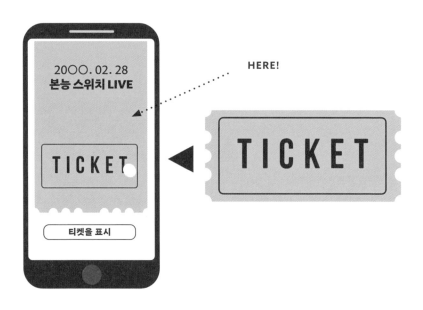

20○○. 02. 28
본능 스위치 LIVE

HERE!

TICKET

TICKET

티켓을 표시

종이 티켓의 향수를 살린
'가짜 티켓'

인생 첫 콘서트나 가장 좋아하는 아티스트의 콘서트 티켓을 소중히 간직하고 있는 사람들이 있다. 그런데 최근에는 종이 티켓 대신 스마트폰으로 QR코드를 제시하고 행사장에 입장하는 시스템이 일반적이다. 이 시스템은 입장 절차도 간단한데, 어찌 보면 약간 밋밋한 느낌도 든다. 과거에는 '①종이 티켓을 제시하고 입장한다, ②콘서트를 즐긴다, ③티켓을 집에 가지고 가서 추억으로 간직한다'는 절차가 당연했지만, 디지털 티켓을 이용하면서부터는 '①QR코드를 제시하고 입장한다, ②콘서트를 즐긴다'로 빠르게 마무리되기 때문이다. QR코드를 다시 본다 한들 콘서트의 감동이 되살아나는 것도 아니다.

그래서 어떤 아티스트는 QR코드뿐 아니라 콘서트 날짜나 좌석이 기재된 디지털 이미지를 보존하여 나중에 다시 꺼내볼 수 있게 한다. 종이와 디지털의 차이는 있지만, '①QR코드를 제시하고 입장한다, ② 콘서트를 즐긴다, ③ 디지털 이미지를 보고 추억에 잠긴다'라는 단계를 다 거칠 수 있는 것이다. 이 외에 QR코드로 입장하더라도 기념으로 종이 티켓을 주거나 콘서트 후에 배송해서 '③종이 티켓을 보고 추억에 잠긴다'라는 절차를 부활시키는 사례도 볼 수 있다.

디지털화가 모든 면에서 효율을 높이는 가운데 '생략된 본능 스위치가 없는지, 그것을 되살릴 방법은 없는지'를 따져보아 체험의 질을 높인 예다.

본능 스위치 ❗

(장점)		(본능 스위치 유형)		(적용 장소)		종이 티켓의 향수를 살린 '가짜 티켓'
공연 후에도 여운을 느낌	×	세리머니형	×	부가 서비스	=	

**Z세대를 위한 여드름 패치의
본능 스위치는?**

HERE!

'타투 스티커'가 연상되는
트렌디하고 귀여운 디자인

여드름은 사춘기 시절 많은 이의 고민거리다. 미국에서는 Z세대를 겨냥한 새로운 여드름 패치가 등장해 인기를 끌고 있다. 여러 브랜드에서 제품이 나와 있는데, 공통점은 의료용품처럼 디자인되어 나온 기존의 투명 타입이나 반창고 타입이 아닌, 타투 스티커처럼 트렌디하고 귀여운 디자인이라는 점이다. 화려한 꽃 모양을 내세운 브랜드도 있고, 시그니처 디자인으로 별 모양 패치를 선보이는 브랜드도 있다. 캐릭터 간 협업도 활발해서 바야흐로 '디자인 여드름 패치' 전성시대라 할 수 있을 정도다.

요컨대 Z세대가 타투 스티커를 좋아한다는 점에 주목해 '①무늬를 골라, ②얼굴에 붙여서, ③개성을 드러낸다'라는 타투 스티커의 의식 절차를 절묘하게 여드름 패치에 적용한 예라고 할 수 있다. 결과적으로 여드름은 남에게 보이고 싶지 않은 것이라는 개념을 뒤집어서 여드름을 긍정적으로 즐기도록 바꾸는 데 성공한 것이다.

참고로 미국에서는 여드름 패치 외에도 탈모나 발기 부전 치료제 등 과거에는 숨기고 싶어 하던 상품에 미용 제품처럼 세련된 디자인을 적용하는 경향이 두드러지게 나타나고 있다. 그동안 구매하기 꺼려지던 상품에 선뜻 손이 가게 만든 것이다. 이런 상황에서는 세리머니형 발상이 많은 힌트를 줄 수 있음을 기억하자.

스틱형 자외선 차단제의
본능 스위치는?

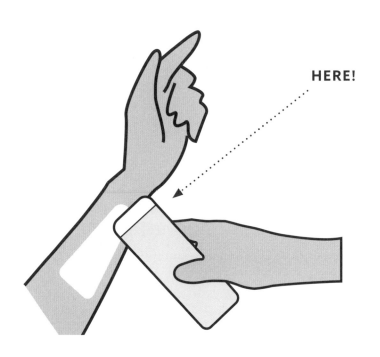

HERE!

립스틱에서 힌트를 얻은
간편한 '스틱' 형태

요즘 주목받는 자외선 차단제는 스틱형 제품이다. 고형의 본체를 돌돌 돌려서 빼낸 다음 쓱쓱 바르는 형태로, 언제 어디서나 손에 묻히지 않고도 쉽게 바를 수 있어서 인기가 높다.

과거에는 손으로 직접 바르는 타입이 주류였는데 어쩌다가 스틱형이 널리 퍼지게 된 걸까? 바로 평소에 자주 쓰는 립스틱과 사용법이 비슷하기 때문이다. 립스틱은 외출 시 가방에 넣어뒀다가 색이 지워질 때마다 꺼내 곧바로 다시 바를 수 있다. 자외선 차단제도 효과가 지속되는 시간이 짧기에 특히 햇볕이 강한 여름철에는 밖에서도 자주 꺼내 발라야 한다. 그럴 때 손에 묻히지 않고도 덧바를 수 있다는 점이 핵심이다.

사실 립스틱도 자외선 차단제와 비슷한 진화 과정을 거쳤다. 스틱형이 등장하기 전에는 손가락으로 찍어 바르는 타입밖에 없었는데 손에 색이 묻는다는 단점이 있었다. 스틱 형태의 립스틱은 일본에서는 1910년대에 출시되었고 소비자들의 큰 호응을 얻었다. 당시에는 여성의 사회 진출이 가속화되기 시작하며 화장품을 일터 등 외부로 들고 다닐 필요성이 높아지면서 스틱형 립스틱의 인기가 더욱 가파르게 상승했다.

최근에는 미용을 위해 일 년 내내 자외선 차단제를 바르는 사람이 늘어났는데, 그래서 이 스틱형 자외선 차단제도 더 널리 이용되고 있는 것 같다.

JINS 매장 진열대의
본능 스위치는?

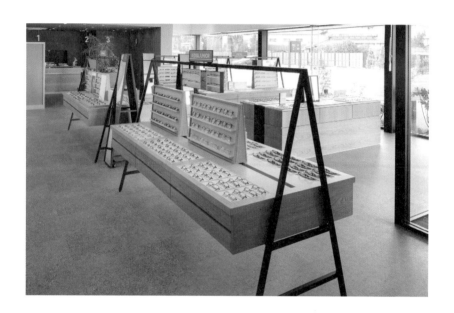

물건을 제자리에 돌려놓게 만드는
'격자 모양'

아이웨어 브랜드 'JINS'는 감각적인 디자인의 안경을 저렴한 가격에 구매할 수 있어서 인기다. 그런데 자세히 보면 매장 내부 디자인에 본능 스위치가 숨어있다.

JINS는 4×5칸의 격자 모양 진열대 안에 안경을 나란히 수납한다. 브랜드의 상품 진열 방침이기에 점포 대부분이 이 같은 방식으로 상품을 진열한다. 시리즈별로 정리되어 있어서 고객이 원하는 안경을 한눈에 찾을 수 있다는 장점이 있다.

사실 이 진열 방식은 인간의 습성을 이끌어내 매장이 깔끔하게 유지되도록 만드는 효과도 있다. 고객이 안경을 착용하면 해당 칸이 비기 때문에 무의식 중에 제자리에 갖다 놓고 싶어지는 것이다. 진열대에 격자 모양의 틀이 없다면 고객이 착용했던 안경을 돌려놓을 장소가 애매해져서 결과적으로 상품 진열대가 번잡해지기 십상이다. 하지만 JINS의 진열 방식은 고객이 물건을 자발적으로 제자리에 돌려놓게 만들어 매장의 깔끔함이 유지되도록 한다.

빈칸을 채우는 행위는 바둑이나 장기의 움직임과도 비슷하다. 자신도 모르게 원래 자리로 물건을 돌려놓게 되는 심리의 이면에는 바둑이나 장기처럼 친숙한 문화가 관련되어 있을 가능성도 있다. 이처럼 평소에 자주 접하는 의식 절차를 본떠서 만든 서비스나 상품은 주변에 많이 숨어있다. 고객도 이용하기 쉽고 매장의 노동력 절감으로도 이어진다는 점이 정말 탁월하지 않은가?

장3 프로젝트의 본능 스위치는?

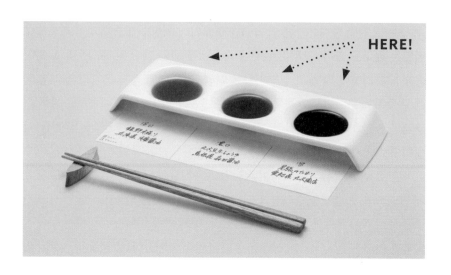

고깃집 소스 종지를 본뜬
'3구 간장 종지'

3구 소스 종지는 고깃집에서 흔히 볼 수 있는 식기다. 고기 부위에 따라 소스를 골라 찍어 먹을 수 있도록 종지 하나를 세 칸으로 나눈 것이다. 3구 간장 종지는 '왜 간장 종지는 나누지 않을까?'하는 의문에서 탄생한 것이다. 일본인은 오래전부터 매일 간장을 먹어왔는데, 그 다양한 종류를 '구분해서 골라 먹는' 사람은 많지 않다. 이에 간장의 용도를 자연스럽게 구분하는 습관을 만들어 요리를 더 맛있게 즐길 수 있게 하자는 '장(醬)3 프로젝트'가 생겨났고 3구 간장 종지를 확산시키는 데 일조하고 있다.

일본간장은 크게 다섯 가지로 분류된다. 고이구치 간장은 가장 일반적인 간장으로 어느 음식에나 잘 어울린다. 우스쿠치 간장은 색과 향을 줄여 재료 본연의 맛을 살려준다. 두 배 발효 간장은 농축 간장으로 회, 초밥, 냉두부 등에 잘 어울린다. 다마리 간장은 걸쭉하고 진한 맛에 독특한 향이 특징으로 데리야키, 쓰쿠다니[9], 센베이[10] 등에 적합하다. 시로 간장은 우스쿠치 간장보다도 더 가벼운 맛이라 국이나 계란찜 등에 사용된다.

이 설명을 읽기만 해도 간장을 구분해서 쓰고 싶은 마음이 일어날 것이다. 하지만 새로운 습관을 들이기는 쉽지 않은 법. 이에 고깃집에서 3구 소스 종지를 내놓고 부위에 따라 양념장을 구분해서 먹는 의식 절차를 간장에 적용한 것이 바로 3구 간장 종지다. 여기에도 세리머니형 본능 스위치가 적용되어 있다. 와인, 또는 일본주를 어울리는 요리와 함께 제공하는 페어링도 인기가 높아지는 가운데, 요리에 맞는 간장을 골라 먹는 새로운 습관도 더 널리 퍼질 것 같다.

스마트폰 사진 인쇄기 프린토스의 본능 스위치는?

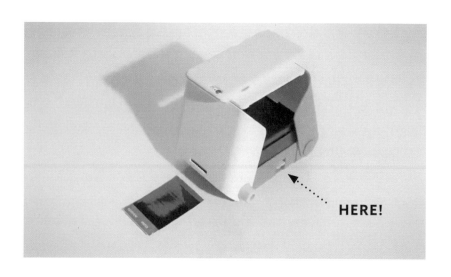

HERE!

인스턴트 카메라를 연상시키는 '셔터 누르기' 동작

'프린토스(Printoss)'는 스마트폰 속 사진을 인쇄할 수 있는 간이 프린터다. 이 설명만 읽으면 첨단 기술을 이용한 디지털 기기라고 생각할 수도 있겠다. 그런데 알고 보면 아날로그 중의 아날로그다. 배터리, 와이파이, 블루투스, 전용 앱 없이 스마트폰 속 사진만 있으면 인쇄가 가능하니 말이다. 다만, 이 단순한 기기에는 나름의 아이디어가 숨어있다.

프린토스의 사용법은 간단하다. '①스마트폰 화면에 인쇄하고 싶은 사진을 띄우고 화면을 아래로 향하게 한 뒤 프린토스에 고정한다, ②셔터를 누른다(전사한다), ③손잡이를 돌려 필름을 뽑아낸다'. 사진을 즉석 필름에 복사하는 형태인 만큼 간단히 끝나는 것이다. 여기서 주목할 단계는 '②셔터를 누른다'라는 지점이다. 공식적으로 셔터라고 이름 붙였지만, 실제로는 그저 작은 버튼에 불과하다. 그런데도 굳이 '셔터'라는 말을 쓴다는 점이 중요하다. 사용자가 인스턴트 카메라를 떠올리도록 만들기 때문이다. 또한 즉석 필름을 이용하는 방식이어서 인쇄한 사진이 선명하게 완성되기까지 기다리는 시간이 필요하다. 이런 설계는 인스턴트 카메라와 같아서 사용자의 향수를 불러일으킨다. 이렇게 프린토스는 프린터라는 개념에 사로잡히지 않고, 인스턴트 카메라의 방식을 그대로 본뜸으로써 폭넓은 세대의 지지를 얻는 상품이 되었다.

캡슐 토이의 본능 스위치는?

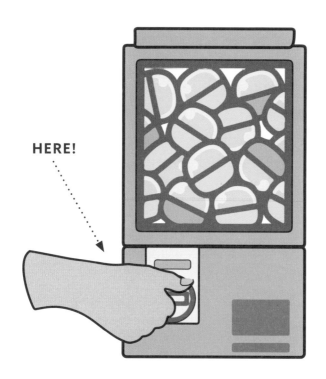

HERE!

 기대감을 키우는 손잡이의 '묵직함'

동전을 넣고 손잡이를 돌리면 또르르 굴러 나오는 작은 캡슐. 하나씩 뽑으면서 묘한 중독성을 느낀 사람도 많을 것이다. 손잡이를 돌리려면 생각보다 힘을 주어야 하는데, 그때 손으로 전달되는 '묵직한 느낌'이 기대감으로 이어진다고 한다.

만약 캡슐 토이를 뽑는 방법이 음료 자판기처럼 버튼만 살짝 누르는 식이라면 어떨까? 조금 아쉽지 않을까? 사실 무게감을 주어서 '기대감'을 증폭시키는 연출은 옛날부터 사용되었다. 일본에서 흔히 볼 수 있는 복권 추첨기가 그 예다. 이 복권 추첨기는 반상회나 슈퍼마켓에서 주로 볼 수 있는데, 손잡이를 돌릴 때 묵직함이 느껴지는 순간 당첨에 대한 기대감이 부쩍 상승한다고들 한다.

무게감이라는 장애물을 굳이 만든 이유는 '쉽게 얻은 것보다 힘들게 얻은 것을 더 좋아하는' 두뇌 작용 때문이다. 손잡이를 돌릴 때 느낄 수 있는 무게감이라는 작은 난관이 결과에 대한 기대감으로 이어져 장난감을 손에 넣었을 때의 성취감을 훨씬 강하게 만드는 것이다. 이 성취감에 의해 뇌 안에서는 도파민이 방출된다. 도파민은 목표를 달성했을 때 분비되는 경우가 많은데, 분비되는 순간 '즐거움'을 느낄 수 있다고 한다. 일부러 만든 작은 난관이 기대감을 높이는 자극제로 활용되는 예다.

179

갸스비 세안 시트의 본능 스위치는?

고등학교 동아리 활동과 아저씨들의
'그 행위'에서 힌트를 얻은 '세안 시트'

편의점이나 드러그스토어에서 흔히 볼 수 있는 남성용 세안 시트. 일본 화장품 업체인 맨담이 1996년 발매한 '갸스비(GATSBY) 훼이셜 페이퍼'는 그 중에서도 선구자적인 존재로, 세리머니형 아이디어가 적용된 제품이다.

원래는 '고등학생들이 동아리 활동 후에 쓸 세안 용품'을 노리고 기획된 아이디어였다. 개발 당시는 편의점을 중심으로 남성용 세안용품의 매출이 급증하고 있었다. 고등학생들이 동아리 활동이 끝난 후에 쓸 세안용품을 많이 구매했기 때문이다. 좀 더 간편하게 휴대하고 밖에서도 편하게 세안할 수 있는 제품은 없을까? 맨담은 이렇게 '밖에서 하는 세안'이라는 행위에서 '세안 시트'라는 상품 콘셉트를 만들어냈다.

그런데 사실은 이 외에 다른 세리머니에서도 힌트를 얻었다고 한다. 바로 찻집이나 술집에서 아저씨들이 물수건으로 얼굴을 닦는 행위이다. 맨담은 물수건으로 기분 좋게 얼굴을 닦는 남성들의 행동에 주목했다. 그리고 도톰한 물수건으로 얼굴을 쓱쓱 닦아내는 기분을 재현하기 위해 뭉침 없는 소재를 찾아 백 종류 이상의 소재를 시험했다. 게다가 '아저씨 느낌'을 덜기 위해 '훼이셜 페이퍼'라는 세련된 명칭까지 붙여 젊은이들에게도 사랑받는 스테디셀러 상품을 만들어 냈다.

최근 들어서는 기존에 아저씨 느낌이 강했던 잠방이와 복대 등도 여성과 젊은이들 사이에서 인기를 얻고 있다. 아저씨들의 행동, 습관도 잘만 활용하면 시장의 가능성을 넓힐 수 있음을 보여주는 사례다.

가열식 담배의 본능 스위치는?

진짜 담배 느낌을 살리고자
재현한 '흡연 절차'

담배 대용품으로 전자 담배와 가열식 담배가 인기를 끌고 있다. 가열식 담배는 매번 스틱을 꽂아 피운 뒤에 그 스틱을 뽑아 재떨이에 버리는 구조다. 반면 전자 담배는 한 번 액체를 주입하면 한동안 그대로 피울 수 있다. 언뜻 보기에는 조작 단계가 짧아 간편한 전자 담배 쪽의 선호도가 더 높을 것 같지만, 실제로는 가열식 담배의 시장 점유율이 더 높다고 한다. 왜 그럴까? 그 이면에 세리머니형 본능 스위치가 작용하기 때문이다. 담배를 피울 때는 '①담배에 불을 붙인다, ②담배를 피운다, ③불을 끈다, ④재떨이에 버린다'라는 네 단계를 거쳐야 하는데, 가열식 담배가 이 네 단계를 그대로 답습하고 있다.

'①스틱을 가열식 담배에 꽂고 가열 스위치를 누른다, ②담배를 피운다, ③종료 신호에 따라 담배 피우기를 마친다, ④스틱을 재떨이에 버린다'. 불을 켜는지, 스위치를 누르는지의 차이는 있지만 거치는 단계는 똑같다.

한편 전자 담배는 '①액체를 주입한다, ②담배를 피운다'의 두 단계로 모든 절차가 종료된다. 한 번 액체를 주입하면 여러 번 피울 수 있기에 평소에는 한 단계만 거쳐도 된다.

이처럼 가열식 담배는 담배와 흡연 절차가 비슷하다. 몸에 밴 습관을 단번에 바꾸려 하면 거부 반응이 생기기 쉬우므로, 기존 행동 절차를 유지하면서 작은 부분만 바꾸어 설계한 것이다.

디지털카메라의 본능 스위치는?

HERE!

 들여다보기만 해도
촬영 모드로 전환되는 '파인더'

카메라로 사진을 찍을 때는 파인더를 들여다봐야 한다. 그런데 디지털카메라가 등장하면서 파인더를 들여다보지 않고 액정 디스플레이만 봐도 어떻게 찍히고 있는지를 알 수 있게 되었다. 기술이 진화하며 파인더가 필요 없어진 것이다. 그래서 아예 파인더 없이 나온 디지털카메라도 있다. 그런데도 왜 여전히 파인더가 남아있는 디지털카메라가 생산될까?

그 이유는 기존의 필름 카메라로 사진을 촬영할 때 거치는 네 단계, 즉 '①피사체를 정한다, ②파인더를 들여다본다, ③피사체의 화각을 정한다, ④셔터를 누른다'라는 절차가 사람들의 의식 속에 굳건히 자리 잡고 있기 때문이다.

이 일련의 단계가 계속해서 디지털카메라에도 그대로 적용되고 있는 것이다. '②파인더를 들여다본다'라는 단계를 없애도 디지털카메라로 사진을 찍을 수는 있다. 그렇지만 파인더를 들여다보면 촬영에 훨씬 집중이 잘 되는 것 같은 의식이 몸에 배어있는 것이다. 실제로 파인더를 들여다보지 않고 사진을 찍으면 왠지 대충 찍는 듯한 느낌을 받는 사람도 적지 않다.

기술은 점점 더 진화하겠지만, 사진을 찍을 때 파인더를 들여다보며 촬영에 집중하는 행위는 앞으로도 계속되지 않을까?

요가 교실의 본능 스위치는?

본고장의 분위기를 연출하는 인사,
'나마스테'

요가 교실 중에는 마지막에 다 같이 '나마스테'라고 인사하고 수업을 마치는 곳들이 있다. 그러고 보니 내가 다녔던 복싱 체육관에는 본격적인 권투 경기장 느낌을 내기 위한 초시계가 놓여 있었다.

이처럼 실제 현장이나 본고장에서 느껴질 법한 분위기를 연출해서 효능감과 실감을 배가시키는 것도 세리머니형 본능 스위치다.

일본에서는 예전부터 취미 활동을 하거나 강습을 받을 때 '모양새부터 익히라'라는 말을 써왔다. 겉모양이 비슷해지면 훨씬 실감 나는 체험을 할 수 있기 때문이다. 심리학에는 '확장된 자아'라는 개념이 있는데, 이는 자신의 소지품이나 의식적인 행동을 자신의 일부로 인식하는 것을 말한다. 본격적인 도구를 갖추거나 본고장에서 하는 행위를 따라 하다 보면, 그것이 자기 실력으로 느껴지고 더 잘하고 싶은 마음이 샘솟아 오래 계속할 수 있는 긍정적인 효과를 부르게 되는 것이다. 서두에 언급한 요가 교실의 '나마스테'나 '실제 권투 경기장에서 볼 법한 초시계'는 그야말로 쉽고 확실하게 본능 스위치를 자극한다.

만약 지속적으로 소비를 촉진하고 싶은 상품이나 서비스와 관련해 '본고장'의 문화가 존재한다면 바로 그곳의 규칙이나 관습을 찾아보는 것이 좋다. 세리머니형 본능 스위치를 자극할 힌트를 찾을 수 있을 테니 말이다.

다이도 드링크 자판기의
본능 스위치는?

영양 성분을 확인할 수 있게
일부러 드러낸 상품 '뒷면'

슈퍼마켓이나 편의점에서 자주 보는 장면이 있다. 상품을 집어 들어 뒷면을 살펴보다가 도로 선반에 되돌려 놓는 모습이다. 뒷면에 표시된 영양 성분을 확인하고 어떤 제품을 살지 따져보는 것이다. 요즘은 건강을 챙기고 다이어트에 열중하는 사람들이 늘면서 어떤 첨가물이 포함되어 있는가도 상품 선택의 기준으로 작용한다.

이처럼 무의식중에 나타나는 소비자의 행동에 주목해 본능 스위치로 활용한 자판기가 있다. 일본의 음료수 제조업체 다이도 드링크의 '뒷면 자판기'다. 다이도 드링크는 음료 전 제품에 보존료를 쓰지 않는 것으로 유명한데, 향료 무첨가 커피, 당과 지방의 흡수를 억제하는 기능성 음료 등 건강을 생각한 제품을 다수 선보이는 기업이다. 하지만 경쟁이 치열한 자판기 시장에서는 상품을 구매하는 고객이 성분 표시나 칼로리를 확인할 수 없다는 점이 걸림돌이었다. 그래서 다이도 드링크는 뒷면에 기재된 영양 성분 및 칼로리 표시를 자판기 전면에서 볼 수 있도록 진열했다. '①상품을 찾는다, ②뒷면을 본다, ③구매를 결정한다'라는 매장 내 의식 절차를 자판기에서 체험할 수 있게 한 것이다. 시즈오카현 한정으로 선보인 방식이기는 했지만 그 독특함은 큰 화제가 되었다.

상품과 서비스의 사용법뿐 아니라 매장 내 구매 행동에도 세리머니형 본능 스위치를 활용할 수 있음을 보여주는 사례다.

189

공작 놀이 과자의 본능 스위치는?

주무르고 반죽하는 '요리'와 같은 작업 과정

'공작 놀이 과자'란, 구입 후 바로 먹는 것이 아니라 주무르고, 반죽하고, 짜고, 모양을 만드는 과정을 거쳐 직접 완성하는 과자를 말한다.

공작 놀이 과자에는 여러 종류가 있는데, 작업 과정을 거친 완성품이 디저트나 요리의 모양과 비슷한 형태인 종류가 가장 많다. 어차피 그 맛은 실제 음식과 전혀 다를 테니 완성된 형태가 반드시 요리여야 할 필요는 없다. 그런데도 요리를 모티프 삼은 공작 놀이 과자의 종류가 많은 데는 이유가 있다.

이런 과자의 대상 연령은 2~3세 이상인 경우가 많은데, 그 연령대 아이들은 요리에 쉽게 매료되기 때문이다. 어린아이들은 주변 모든 것에 관심을 가지고 가족의 행동을 따라 하려 들고, 일상생활 속에서 특히 반복해서 접하는 행위 중 하나는 요리하는 모습이다.

공작 놀이 과자는 '먹고 싶다'라는 식욕뿐 아니라 '주변 사람을 따라 하고 싶다'라는 어린아이의 지적 호기심까지 채워준다. 어른들은 흔히 음식이나 음료수에 뭔가를 섞으려고 하는 아이의 행동을 저지하려 들지만, 알고 보면 이런 행동도 어린 시절 특유의 지적 호기심이 나타난 것이라고 한다. 공작 놀이 과자는 이 같은 본능적인 호기심에 주목하여 시대를 초월해 어린아이들의 호응을 얻고 있다.

소변기의 본능 스위치는?

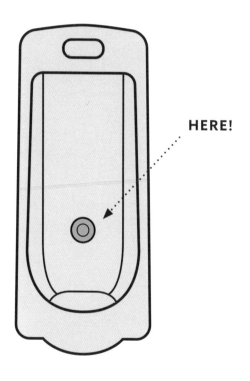

HERE!

무심코 조준하게 되는
소변기 안 '과녁'

내부에 과녁이 그려진 소변기를 본 적이 있는가? 과녁이 보이면 자신도 모르게 그쪽을 조준하게 된다.

이는 활쏘기나 다트를 할 때 과녁을 노리는 행위에서 힌트를 얻어 만들어낸 아이디어다. 활쏘기나 다트는 '①과녁을 노린다, ②자신이 노린 방향으로 던진다, ③결과를 얻고 기뻐한다'라는 절차를 거치는 스포츠다. 과녁을 그려 넣은 소변기는 이 절차를 배뇨 행위에 그대로 적용했다. 소변을 볼 때도 '①과녁을 노린다, ②자신이 노린 방향으로 소변을 배출한다, ③적중하면 기뻐한다'라는 절차를 거치게 된다.

이는 심리학의 '행동 유도성(affordance)'을 잘 활용한 것이다. 행동 유도성을 이용한 디자인이란, 상품의 기능을 설명하지 않아도 어떻게 써야 할지를 사용자가 직관적으로 이해할 수 있는 설계를 말한다. 예를 들어, 문손잡이는 아래로 눌러서 당기면 된다는 점을 설명하지 않아도 자연스럽게 조작할 수 있게 디자인되어 있다. 이처럼 소변기의 과녁도 무심코 조준하고 싶어지는 심리를 잘 활용한 디자인이다.

기능 면에서도 그곳으로 소변을 배출하면 밖으로 튀는 양이 가장 적다는 사실을 계산한 설계이기에 청소 시 덜 번거롭다는 이점이 있다. 스포츠 속 행위를 일상생활에 적용하여 청소의 수고를 줄인 매우 획기적인 대책이다.

193

온라인 미팅 툴 Teams의
본능 스위치는?

참가자 전원의 시선이 마주치는
'독특한 배경'이 만들어내는 일체감

온라인 미팅 도구는 원격 근무에 필수 불가결한 요소가 되었다. 그중에서도 마이크로소프트 Teams의 '투게더 모드'는 서로 멀리 떨어져 있어도 자연스럽게 회의 자리에 함께 모일 수 있는 아이디어를 구현했다.

화면에 참가자 전원을 표시하고 독특한 배경까지 선택할 수 있게 한 것이다. 발언자 외의 참가자들과도 눈을 마주할 수 있어 대화를 이어가기 좋은 데다가, 교실이나 바닷속 등 장난기 넘치는 배경이 긴장을 풀어주어 서로 의견을 나누기에 안성맞춤이다.

마이크로소프트가 '투게더 모드' 이용자의 행동을 관찰했더니 일반 모드일 때보다 다른 사람에게 주의를 더 기울이고 자발적으로 카메라를 켜는 등의 변화를 볼 수 있었다고 한다. 원격 근무 때는 다른 사람과의 활발한 커뮤니케이션이 어렵다는 문제가 있었는데 이 기능을 활용하니 답답함이 조금은 해소된 것이다.

사실 이 툴을 고안한 사람은 미국의 한 공연업계 관계자였다. 그는 코로나로 인해 관객 앞에 설 기회가 줄어든 공연자들을 위해 가상의 관객을 모을 시스템을 모색하고 있었다. 그러던 중, 이러한 방식으로 관객을 모았을 때 공연자가 선보이는 공연의 질이 향상됨을 발견했다고 한다. 수많은 관객을 보아온 공연 업계 관계자였기에 알아낼 수 있었던 요소인지도 모르겠다.

7장
사례 연구

지금부터는 히트 습관 메이커스의 팀원들이 실제로 담당했던 상품의 사례를 분석해 본다. 우선 제시된 상품의 '배경'을 읽고, 여러분이 상품 담당자라면 어떤 본능 스위치를 활용할지 폭넓게 생각해 보기 바란다. 그런 다음, 이어지는 내용을 읽는다. 사례마다 실제로 활용한 세 가지 본능 스위치를 소개했으니 자기 생각과 비교해 보면 이해가 한층 깊어질 것이다. 물론 여기서 소개하는 본능 스위치가 전부는 아니다. 여러분이 떠올린 본능 스위치가 아직 빛을 보지 못한 새로운 발견일 수도 있다.

사례 1 – 아사히 비어리

 '해외에서 탈알코올 설비를 도입하겠다'라는 한마디에 상품 개발이 시작되었다. 그전까지 일본에서 만든 무알코올 맥주는 다양한 재료를 조합해서 맥주와 비슷한 맛을 구현한 것이었다. 그런데 일단 진짜 맥주를 만들고 난 다음, 탈알코올 설비를 사용해 알코올 성분만 빼내는 방식으로 진짜 맥주 맛을 살리겠다고 아사히(Asahi)가 선언한 것이다. 본능 스위치를 활용해 '진짜 맥주 맛'이라는 제품의 매력을 최대한 전달하기 위해 우리는 다양한 연구를 진행했다. 자, 여러분이라면 어떻게 했을까?

장점

본능 스위치 유형

적용 장소

알코올 성분이
0.5%밖에 안 되는데
진짜 맥주 맛

× ??? × ???

=

본능 스위치

???

본능 스위치 적용 방법 ①

'진짜 맥주 맛'이라는 매력을 어떻게 전달하면 좋을까? 가장 먼저 떠오르는 것은 컴포트형 본능 스위치다. 맛이란 뇌가 쾌감을 느낄 수 있는 편안한 감정이니 말이다. 알코올 성분이 0.5%인 맥주라고 할 때, 여러분은 어떤 색상의 디자인을 떠올렸는가? 알코올 도수가 낮으니 가벼운 맛일 테고, 그렇다면 흰색이나 자연을 연상시키는 어스 컬러(earth color) 등을 생각했을지도 모른다. 하지만 이 상품은 일부러 그런 색을 피했다. 왜냐하면 알코올 도수만 낮은 것이 아니라 맛까지 가볍고 싱거우리라고 느껴질 위험이 있었기 때문이다. 알코올 성분이 5%인 진짜 맥주와 동등하거나 그 이상의 맛임을 보여주고자 우리는 일부러 검은색 패키지를 선택했다.

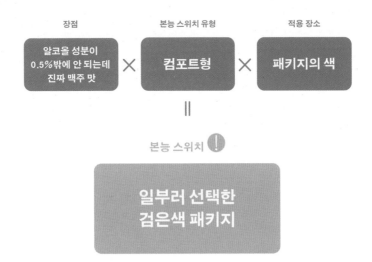

장점

본능 스위치 유형

적용 장소

알코올 성분이
0.5%밖에 안 되는데
진짜 맥주 맛

×

컴포트형

×

패키지의 색

||

본능 스위치

일부러 선택한
검은색 패키지

본능 스위치 적용 방법 ②

‘비알코올’이라는 완전히 새로운 분야의 제품이 목표였기에 전에 없던 참신한 디자인을 내놓을 수도 있었다. 하지만 그러면 어떻게 될까? 사람들은 익숙한 것을 선호하는 경향이 있기 때문에 디자인이 너무 참신하면 맥주를 마시고 있다는 만족감을 얻지 못할 가능성이 있었다. 그래서 일부러 평소 자주 접할 수 있는 맥주 디자인의 모티프를 살리되, 거기서 조금만 벗어나도록 디자인해 맥주를 마실 때의 의식 절차를 그대로 답습하는 세리머니형 본능 스위치를 자극하는 길을 골랐다.

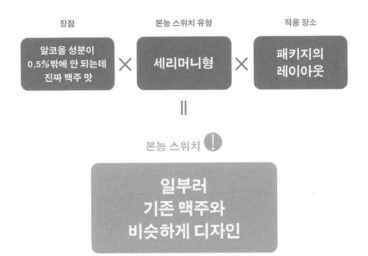

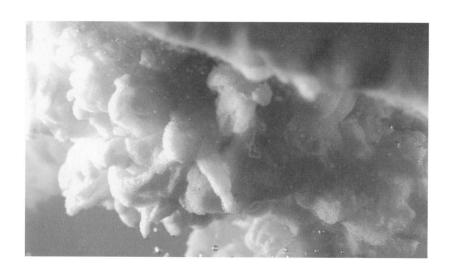

본능 스위치 적용 방법 ③

패키지 연구도 중요하지만, 제품이 시장에서 오래도록 사랑받게 하려면 맛 설계야말로 중요했다. 알코올 성분이 0.5%인 맥주이니 마시기 편한 산뜻한 맛으로 설계할 수도 있었다. 그러나 맥주에는 역시 '시원하게 톡 쏘는 목넘김'이 있어야 비로소 만족감을 느낄 수 있다. 그래서 일부러 알코올 성분이 0.5%라고 생각하지 못할 정도로 자극적이고 강렬한 느낌을 주는 진한 맛으로 만들어서 민트형 본능 스위치를 적용했다. 비어리는 '일부러' 집어넣은 여러 아이디어가 함께 힘을 발휘한 덕에 시장에서 주목받는 상품으로 급부상했다.

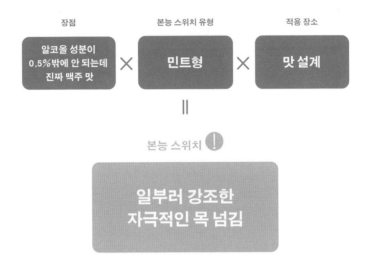

장점

본능 스위치 유형

적용 장소

알코올 성분이
0.5%밖에 안 되는데
진짜 맥주 맛

×

민트형

×

맛 설계

‖

본능 스위치

일부러 강조한
자극적인 목 넘김

사례 2 - 썬스타 Ora2 프리미엄

일본 헬스케어 기업 썬스타(SUNSTAR)의 구강 전문 브랜드 Ora2의 'Ora2 프리미엄'은 화장품을 콘셉트로 만든 구강 제품 시리즈다. 화장품처럼 사용자가 자기 고민에 맞추어 선택할 수 있고, 향과 디자인 면에서도 높은 만족감을 얻을 수 있다.

이 시리즈에는 일상적으로 사용할 수 있는 기초 케어 라인 외에도 신경 쓰이는 부분을 집중적으로 관리할 수 있는 스페셜 케어 라인이 있다. 스페셜 케어 라인을 사용하며 얻을 수 있는 특별함과 행복감을 강조하고자 우리는 상품 기획 시 본능 스위치를 적극적으로 활용하기로 했다.

장점   본능 스위치 유형   적용 장소

특별하게 느껴져
행복한 기분   ×   ???   ×   ???

=

본능 스위치

본능 스위치 적용 방법 ①

첫 번째 본능 스위치로는 컴포트형을 활용하되 평소 케어보다 특별하다는 사실을 알리기 위한 아이디어 찾기에 몰두했다. 매일 쓰는 치약의 크기는 어느 브랜드나 별로 차이가 없다. 그런데 화장품을 보면, 스페셜 케어 아이템은 데일리 케어 아이템보다 크기가 작은 것이 많다. 그래서 스페셜 케어 라인은 일반 치약보다 작고 슬림하게 디자인해 매일 쓰는 치약과 차별화해서 '특별 케어 아이템'이라는 점을 느낄 수 있게 했다.

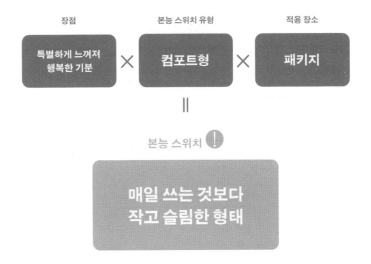

본능 스위치 적용 방법 ②

두 번째 본능 스위치로는 민트형을 활용하되, 스페셜 케어에 대한 '기대감'을 충족시킬 방법을 검토했다.

그래서 제품의 작용이나 효과를 강조하고자 할 때 화장품 업계가 흔히 사용하는 표현에 주목했다. 이런 표현들은 앞서 감자칩 사례에서 언급한 '시즐 워드'와 비슷한데, 기대감과 설렘을 느끼게 한다는 특징이 있다.

제품 홍보와 관련해서는 '집중 미백', '최고 농도', '딥 클렌징' 같은 단어를 썼다. 이로써 화장품에서 느낄 수 있는 기대감을 치약 홍보 문구에서도 느낄 수 있게 했다.

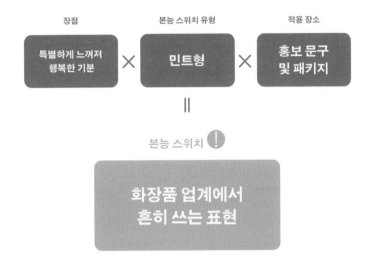

장점

特별하게 느껴져
행복한 기분

×

본능 스위치 유형

민트형

×

적용 장소

홍보 문구
및 패키지

=

본능 스위치 ❗

화장품 업계에서
흔히 쓰는 표현

본능 스위치 적용 방법 ③

소비자가 특별한 느낌을 받을 수 있도록 사용 단계에는 세리머니형 본능
스위치를 적용했다.

바로 '주 1회'라는 제한이다. 양치질은 기본적으로 매일 하는 것이 당연한
습관이다. 그런데 굳이 사용 빈도를 '주 1회'로 한정하면 마치 주말 스페셜 케
어용 화장품과 같은 느낌을 줄 수 있다.

이렇게 본능 스위치를 통해 '특별한 느낌'을 받게 해서 자기 몸을 청결하
게 가꾸는 케어 아이템의 효과를 실감하게 하고, 행복한 기분을 느끼게 했다.

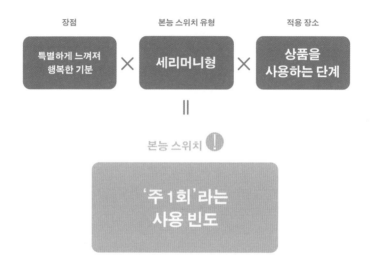

사례 3 - '유키지루시 메그밀크 6P 치즈'

일본의 치즈 제조업체 유키지루시 메그밀크(雪印メグミルク)는 1954년에 출시되어 2020년에 66주년을 맞는 '6P 치즈'의 기념 이벤트를 기획했다. 목표는 66년 동안 사랑받은 데에 감사하는 마음을 표현하는 동시에 늘 먹던 치즈이지만 기존 제품보다 훨씬 행복한 기분을 느낄 수 있게 하는 것이었다. 그래서 본능 스위치를 활용한 다양한 아이디어를 살려야 했다.

장점   본능 스위치 유형   적용 장소

늘 먹던 치즈이지만 기존 제품보다 행복한 기분 × ??? × ???

||

본능 스위치

???

본능 스위치 적용 방법 ①

먼저, 지난 66년에 대한 감사의 마음을 전할 방법을 검토했다. 6P 치즈의 디자인에 처음부터 쓰였던 빨간색에서 영감을 받아 하트 모양 디자인을 도입하기로 했다. 또 이를 일부러 겉 포장 상자가 아니라 상자 안의 개별 포장 디자인에 적용했다. 이로써 상자를 열 때 설렘과 함께 평소보다 행복한 기분이 들도록 만들었다.

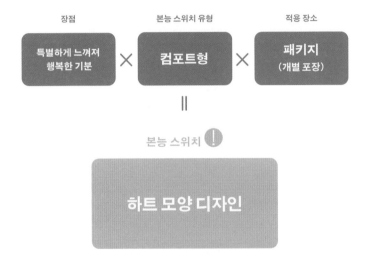

장점
특별하게 느껴져 행복한 기분

×

본능 스위치 유형
컴포트형

×

적용 장소
패키지 (개별 포장)

‖

본능 스위치 ❗

하트 모양 디자인

본능 스위치 적용 방법 ②

그뿐만 아니라 상자를 열 때마다 매번 설렘을 느끼게 하려면 어떻게 해야
할지를 검토했다. 이에 복권을 살 때의 상황을 응용해 하트 디자인이 들어 있
을 확률을 약 20%로 설정했다. 그 결과, 하트 디자인을 발견했을 때의 행복
감을 훨씬 크게 느낄 수 있었다. 또 상자 뚜껑 안쪽에 하트 수에 따라 달라지는
별도의 메시지를 넣어서 감사의 마음을 전달함과 동시에 소비자에게 한층 깊
은 감동을 주고자 했다.

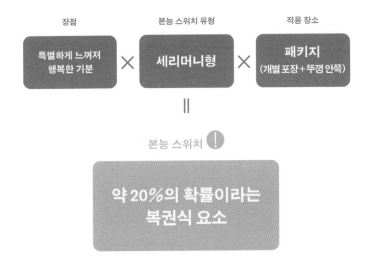

본능 스위치 적용 방법 ③

마지막 한 가지는 행복감을 한층 더 고조시킬 장치였다. 이벤트를 시작할 당시에는 발표하지 않았지만, 뚜껑 안쪽에 인쇄한 하트 개수별로 전하는 메시지 안에 숨은 메시지를 추가로 넣었다. 각 메시지의 일부를 세로로 읽으면 '행복(しあわせ)'이라는 단어가 나타나게 한 것이다. 발매 당시에 일부러 발표하지 않기에 숨은 메시지를 우연히 발견한 사람들이 깜짝 선물을 받는 기분을 느끼게 하려는 목적이었다. 그 결과, 메시지를 발견한 사람들이 SNS에 이를 알리고 '행복했다', '멋진 선물이다' 등의 감상을 남겨 화제를 모았다.

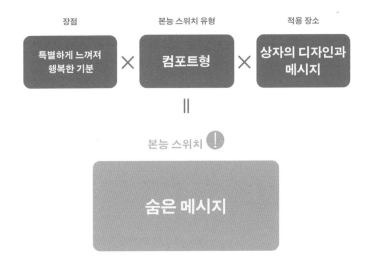

장점   본능 스위치 유형   적용 장소

특별하게 느껴져
행복한 기분 × 컴포트형 × 상자의 디자인과
메시지

=

본능 스위치

숨은 메시지

에필로그

"머리가 아니라
오장육부로 생각하란 말이야!"

60의 나이를 바라보는 크리에이티브 디렉터 대선배가 회의 석상에서 참지 못하고 이렇게 소리친 적이 있다. 주제가 어려워 좀처럼 이렇다 할 돌파구를 찾지 못하고 무거운 공기가 감돌고 있을 때였으니, 팀원들의 표정이 더 어두워졌다는 것은 말할 필요도 없다, 하하.

그러나 이해는 할 수 있었다. 흔히 '장(腸)은 제2의 뇌'라고 한다. 일본어에서 '이해되다, 결심하다, 각오하다, 성나다, 속내가 시커멓다, 속을 떠보다' 같은 의미의 관용어에 모두 '배(腹)'라는 단어가 활용된다. 비단 마음뿐 아니라 마음속 깊은 곳의 무의식도 뱃속에 있다고 생각하는 것 같다. 그 선배는 뱃속의 오장육부로 수긍할 수 있을 정도의 아이디어를 기다리고 있었던 것이리라. 하지만 그런 아이디어는 참으로 까다로운 기준을 통과해야 하기에 쉽게 떠오르지 않는 법이다. 그래서 다들 머리를 쥐어뜯고, 신음하고, 몸부림치면서 생각을 짜낸다. 하지만 아이디어는 시침 뚝 떼고 있다가, '아, 포기다. 회의가 10분 뒤에 시작된단 말이야!' 하고 모든 것을 내려놓을 때쯤 불쑥 떠오르기도 한다. 처음엔 나만의 문제인 줄 알았는데, 주변의 실력파 크리에이터들도 비슷한 이야기를 해서 안도했던 기억이 난다. 그런데 오장육부가 수긍할 만한 아이디어는 하나같이 '살짝 비연속적'이라는 점이 특징이다. 직

선적으로 관련성을 이어가며 생각을 이어가려는 짓은 수렁에 빠지는 지름길이다. 한때 상사에게 '성실하게 노력하는 건 좋지만, 성실하게 썩으면 안 된다'라는 조언을 들은 적이 있다. 나는 이과 출신이어서 그런지 시야가 좁아 쉽게 초조해지고, 초조해지면 좋은 아이디어가 떠오르지 않는다는 것이 문제였다. 일단은 수렁에서 벗어나 힘을 쭉 빼야 알 수 없는 탄력을 받아 아이디어가 탄생하곤 했는데 그 메커니즘은 솔직히 수수께끼였다. 고민하고, 신음하고, 몸부림치는 수밖에 없지 않을까 싶었다. 그런데 이 책을 쓰면서 본능 스위치의 아이디어를 살린 수많은 사례를 정리하다 보니, 아이디어를 뽑아낼 수 있는 실마리 같은 것이 보이기 시작했다.

이름을 붙이자면,
'일부러 발상법'이다.

이 책에서 다룬 본능 스위치를 곰곰이 들여다보면 '일부러 ~했다'라고 설명할 수 있는 것이 많다는 사실을 알 수 있을 것이다.

하이볼은 길고 날씬한 유리잔이 아니라 '일부러 맥주잔에' 제공했다. 샴페인 잔은 바닥에 '일부러 흠집을 넣어' 거품을 낸다. 사이클론 진공 청소기는 '일부러 쓰레기를 눈에 보이게' 만들었고, 에너지 드링크에는 '일부러 진한 색'을 넣었으며, 하이브리드 자동차는 '일부러 인공 엔진음'이 나게 했다. 즉 본능을 자극할 아이디어를 떠올리고 싶다면 '일부러'라는 수식어 뒤에 이어질 말을 억지로라도 생각해야 도움이 된다는 말이다. 이 '일부러'라는 말의 위력은 '상식을 깬다'는 데 있다. 아이디어를 낼 때 가장 큰 장벽은 우리의 굳은 사고, 상식이다. 당연하고 상식적인 생각이 머릿속에 한번 입력되고 나면 생각은 멈춰버린다. 주변 사람들과 같은 방식으로 생각한다는 사실이 보증되면 안심하게 되면서 머리가 돌아가지 않는 것이다. 따라서 상식을 깬다는 것은 상식에 물든 자기 자신의 안정감을 깬다는 의미다. 그래야 오장육부로 수긍할 수 있는 아이디어가 얼굴을 내민다.

'창의성의 4B'라는 말이 있다. 4B란, 아이디어가 떠오르기 쉬운 환경으로 아래 네 가지를 말한다.

Bus : 버스나 전철을 타고 있을 때 또는 이동 중일 때

Bathroom : 목욕 중 또는 화장실에 있을 때

Bed : 잘 때, 자기 전, 일어났을 때

Bar : 술을 마시고 휴식을 취할 때

이 넷의 공통점은 '편안하고', '아무 생각 없이 머리를 비운 상태'라는 것이다. 과도하게 생각에 빠지지 않고 어깨에 들어간 힘을 풀었을 때 비로소 아이디어가 번뜩인다. 참고로 필자는 출근할 때 두 정거장 거리를 30분 정도 걷는데, 그때 여러 생각이 떠오른다. 평소에 늘 다니는 길을 똑같은 속도로 걸으면 그 길은 사적인 '철학의 길'이 된다. 일단 익숙한 길이라 쓸데없는 사념을 하지 않아도 된다. 그 상태에서 지나치는 사람, 지나가는 차량이 달라지거나 날씨가 달라지면 그런 요소들이 작은 자극을 주어 아이디어가 떠오른다. 전날 밤늦게까지 고민해도 진전이 없던 기획안을 다음 날 아침에 걸으면서 쉽게 해결한 경험도 여러 번 있다.

물론 어느 날 갑자기 '일부러 발상법'을 동원한다고 해서 본능 스위치가 떠오를 리는 없다. 본문에도 썼지만, 우선은 소비자에 제공할 수 있는 장점을 생각한 다음, 그 장점을 부각하기 위해서 '일부러~한다'라는 순서로 생각하는 것이 좋다. 하이볼도 '맥주처럼 건배에 활용할 수 있다'라는 장점을 살리기

위해 '일부러 맥주잔에' 제공한 것이다. 그러니까 우선은 마지막 순간까지 머리로 생각해야 한다. 그런 다음 완전히 힘을 뺀 상태로 머리를 비우면 상식이라는 틀에서 해방되고 오장육부가 잠에서 깨어난다. 바로 그때 '일부러'를 연결하면 비연속적인 사고의 비약이 일어나 생각지도 못한 본능 스위치가 하늘에서 내려온다. 본능 스위치는 장점이라는 개념을 구체적인 체험에 적용하기 위한 장치다.

마지막으로 이 책을 이 시점에 출판한 이유를 간단히 언급하고자 한다.

최근 들어 고객 체험(Customer Experience)의 약자인 CX라는 말을 자주 듣는다. 아날로그 상품뿐 아니라 디지털 서비스가 늘어나면서 고객 체험을 얼마나 질적으로 향상시키는지가 비즈니스 성장의 핵심으로 부상했기 때문이다. 그런 의미에서 성공을 거두는 데 필수적인 요소가 바로 본능 스위치다. 이 책을 집필한 것도 무의식중에 끓어오르는 충동을 고객 체험과 연결해야 한다고 절실하게 느꼈기 때문이다. 무의식적 충동을 고객 체험과 연결할 수만 있다면 과대광고를 하지 않아도 사람이 사람을 불러 자연스럽게 소비자가 늘어난다. 효율성, 합리성을 중시하는 요즘 시대에는 더 현명한 의견을 우선시해서 합의하는 추세 탓에 순식간에 '상식적인 결론'에 이르게 된다. 하지만 그래서는 자신도 모르게 계속 쓰고 싶어지는 상품이나 서비스가 탄생하기 어려워진다. 사람은 의도하지 않아도 게으름 피우고, 배신하고, 거짓말하는 비합리적인 존재이기 때문이다. 그래서 우리는 즉흥적인 생각을 중시해야 하고, 관계없는 잡담을 나누고, 자신이 좋아하는 것에 관해 이야기하고, 때로는 바보 같은 이야기나 자유로운 발언을 허용하고, 말로 설명할 수 없는 것을 시각화해서 보여주는 등 일상의 소통에 '일부러' 비연속적인 소재를 끼워 넣어야 한다고 생각한다.

그런 다음, '본능 스위치'를 잘 활용하기 위해 다양한 사례를 살펴보아야 한다. 인풋이 많을수록 아웃풋의 질은 높아진다. 왜냐하면 새로운 아이디어란 무에서 생기는 것이 아니라 선배들의 발명을 바탕으로 조금씩 진화하는 것이기 때문이다. 그러므로 아웃풋이 막혔을 때, 일단 멈춰서 인풋을 늘리면 그 상황을 극복할 수도 있다.

단, 스스로 아이디어의 힌트를 찾아내는 작업은 피가 되고 살이 된다는 의미에서 매우 중요하며, 그러려면 '관찰하는 습관'을 붙여야 한다. 다양한 체험을 목격하고, 그 속에서 '본능 스위치'를 스스로 발굴해 나가는 것이다. 그런데 막상 실천해 보면 의외로 어렵다. 관찰 또한 훈련이기 때문이다. 잘하기위한 요령을 꼽자면 '생각 비틀기'다. 사람은 익숙한 상황을 만나면 의심하지 않고 받아들이기 쉽다. 따라서 일단은 거부감 없이 받아들이는 자신을 의심하고, 그 상황에 의심의 눈초리를 주어야 한다. 양치질은 매일 하는데, 왜 질리지 않고 계속하는 걸까? 편의점에 갈 때마다 자기도 모르게 늘 같은 녹차를 사는데, 이유가 무엇일까? 작심삼일인 사람도 계속 다니게 하는 헬스클럽의 비결은 무엇일까? 인터넷 판매 사이트들은 왜 디자인이 비슷할까? 이런 질문을 던져보라는 말이다. 반대로 새로운 습관은 왜 지속하기 어려운지에 주목해 보는 것도 좋을 것이다. 흘러가는 일상에 젖어들거나 당연시하지 말고 약간은 비틀어서 보는 훈련이 필요하다고 본다.

마지막으로 감사 인사를 드릴 분이 많다. 이 책을 출판하면서 편집자 나카노 료타(中野亮太) 씨는 끈질기게 수많은 사례를 사실 확인해 주었다. 출판 기획자인 시오나기 요스케(潮凪洋介) 씨는 타고난 밝은 기운으로 항상 용기를 주었다. 매의 눈으로 원고를 검토해 준 하쿠호도의 모로 죠지(茂呂讓治) 씨, 야마모토 교스케(山本京輔) 씨, 가쓰마타 가키코(勝又多喜子) 씨, 홍보팀 팀원들 그리고 고객사까지, 여러분 덕분에 내용이 훨씬 정확해졌다. 그리고 업무로 바쁜 와중에 부지런히 원고를 집필해 준 히트 습관 메이커스 팀원들에게도 감사를 전한다.

끝까지 읽어주신 독자 여러분께도 감사드린다. 이 책을 계기로 더 재미있는 상품이 많이 탄생하고 사회가 더 즐거워진다면 그 이상의 기쁨은 없을 것 같다.

광고대행사 하쿠호도 히트 습관 메이커스
리더
나카가와 유

주석

프롤로그

1) 사람의 뇌는 동물적인 뇌, 즉 동물 뇌(animal brain)와 인간적인 뇌, 즉 인간 뇌(human brain)로 나눌 수 있다. 전자를 중뇌(中腦, midbrain), 후자를 전뇌(前腦, forebrain)라 한다. 중뇌는 호흡 조절, 심장 박동, 혈압, 체온 조절 같은 기본적인 생명 현상을 주관하고 전뇌는 이성, 지성, 판단을 담당한다.

1장 본능 스위치란?

2) 원제는 '사고 싶다 신서(カイタイ新書)'. 아직 우리나라에는 소개되지 않은 책으로, 그 주제와 내용에 대한 이해를 돕기 위해 본문에는 해당 도서의 부제를 번역해 실었다.

2장 민트형 본능 스위치

3) 단순한 제로 콜라가 아니라 건강 보조 식품으로서 효과가 인정된 콜라. 혈당 상승을 막고 중성 지방의 급격한 상승을 완만하게 바꾸어 준다고 한다.

4) 젊은 사람에게만 들리는 고주파음. 나이가 들수록 청력이 쇠퇴해 높은 주파수부터 서서히 들리지 않게 되는 현상을 이용해 공원 등에서 틀어준다고 한다.

3장 컴포트형 본능 스위치

5) 유명한 세일즈맨 엘머 휠러(Elmer Wheeler, 1903-1968)의 "스테이크를 팔지 말고, 지글지글 익는 소리(sizzle)를 팔아라"라는 말에서 유래한 것으로 알려진다.

6) 트랜스(trance)는 무아지경의 상태를 가리킨다. 일본에서는 증기 사우나 후, 욕탕 입욕과 휴식의 과정을 세 번 정도 반복하면 달리기 선수가 러너스 하이를 느끼듯이 황홀경에 가까운 편안한 기분을 느낀다고 하여 '사우나 트랜스'라는 말을 자주 쓴다.

7) 일본주를 마실 때, 사각 쌀되 안에 유리잔을 놓고 일본주를 따르되 넘치도록 따라서 마시는 방법.

5장 아날로그형 본능 스위치

8) 수집, 감상을 목적으로 판매되는 카드로 그림이나 사진이 들어간다. 스포츠, 애니메이션, 아이돌 등을 소재로 삼는 예가 많다.

9) 어패류, 생선, 해초와 채소 등을 설탕, 간장, 미림 등으로 달고 매콤하게 조린 보존 식품.

10) 밀가루나 쌀가루에 설탕 등을 가미하여 반죽한 뒤 철제 틀에 넣어 얇게 구운 과자.

참고 문헌 및 웹사이트

프롤로그

- 《현대 만담론》, 삼일신서(三一新書), 다치카와 단시(1965).
- 《당신도 만담가가 될 수 있다-현대 만담론 2》, 삼일쇼보(三一書房), 다치카와 단시(1985).
- 《고전 만담 100석》, PHP 신서, 다치카와 시노스케(立川志の輔)(1997).
- 《자는 등인에도 쌀리게 만드는 '습관화'의 마법》, 슈와 시스템(秀和システム), 하쿠호도 히트 습관 메이커스 저, 나카가와 유(中川 悠) 편저(2020).

1장 본능 스위치란?

- 《습관의 힘[신판]》, 찰스 두히그, 하야카와 쇼보(早川書房)(2019).

2장 민트형 본능 스위치

- 《도해! 팔리는 색의 법칙》, 다카사카 미키(高坂美紀), 슈와 시스템(秀和システム)(2006).
- 《심리학×물리학×색채학 연구로 알았다! 아하, '색'의 심리학》, 도토가와 야에(都外川八恵), 종합법령출판 (2021).
- Mouth Rinsing With a Pink Non-caloric, Artificially-Sweetened Solution Improves Self-Paced Running Performance and Feelings of Pleasure in Habitually Active Individuals., Brown DR, Cappozzo F, De Roeck D, Zariwala MG and Deb SK(2021)
- www.frontiersin.org/articles/10.3389/fnut.2021.678105.
- 《시리즈 심리학과 일 1 : 감각·지각 심리학》, 오타 노부오(太田信夫), 교바 지로(行場次朗), 기타오지쇼보(北大路書房)(2018).
- 《뇌에는 묘한 버릇이 있다》, 이케가야 유지(池谷裕二), 후소샤(扶桑社)(2012). 일본조리과학회 지 35(2020), "식품의 색채와 미각의 관계 -일본 20대의 경우-". www.jstage.jst.go.jp/article/cookeryscience1995/35/1/35_2/_pdf.
- 《색의 불가사의가 우스울 만큼 이해되는 책, 왜 사람은 색에 좌우되는가?》, 깜짝 데이터 편집부, 가와데쇼보 신샤(河出書房新社)(2005).
- 《좋은 기분을 만드는 과학적으로 옳은 습관, 분노·스트레스·불안을 완전 리셋!》, 홋타 슈고(堀田秀吾), PHP 연

구소(2021).

- 《집중력 퍼포먼스를 300배로 만드는 업무 방법》, 이노우에 가즈타카(井上一鷹), 일본능률협회 매니지먼트센터(2017).
- 《100% 집중법》, 후지노 게스케(藤野敬介), 포레스트출판(2019).
- "Why You Can Focus in a Coffee Shop but Not in Your Open Office". https://hbr.org/2017/10/why-you-can-focus-in-a-coffee-shop-but-not-in-your-open-office.
- 《잠을 잘 수 없을 정도로 재미있는 도해 심리학 이야기》, 일본문예사(2015).
- "Market research reports on tobacco plain packaging and graphic health warnings". Australian Government Department of Health and Aged Care(2011). www.health.gov.au/resources/collections.
- 《남들에게 알리고 싶은 물리, 우리 주변의 10개 이야기》, 에마 가즈히로(江馬一弘), 마루젠(丸善)(2006).
- 《물리의 체계, 도해 잡학》, 이다야 후미오(井田屋文夫), 나츠메사(ナツメ社)(2005).
- 《오래 살고 싶은 사람은 치주 질환을 치료하라》, 아마노 아쓰오(天野敦雄), 문예춘추(2021).
- 《구강 관리를 위한 아로마 사이언스 : 구강 건강에 활용되는 향기》, 지바 에이치(千葉栄一), 신야 아키요시(新谷明喜), 프레그런스 저널사(フレグランスジャーナル社)(2007).
- 《양조·발효 식품 사전 보급판》, 요시자와 기요시(吉沢淑), 이시카와 유쇼(石川雄章), 다데누마 마코토(蓼沼誠), 나가사와 미치타로(長澤道太郎), 나가미 겐조(永見憲三) 편저, 아사쿠라쇼텐(朝倉書店)(2010).
- 《식품공학 핸드북》, 일본식품공학회 편, 아사쿠라쇼텐(2006).
- 《세계 최신의학이 증명한 궁극의 지치지 않는 몸》, 나카노 히로미치(仲野広倫), 어치브먼트출판(2017).
- 《어깨 결림의 90%는 스스로 고칠 수 있다》, 다케이 히토시(竹井仁), 이스트 프레스(2016).
- 《이시가키지마 홍보 8호》(2010).
- 《구강 관리를 위한 아로마 사이언스 : 구강 건강에 활용되는 향기》, 지바 에이치, 신야 아키요시, 프레그런스 저널사(2007).
- 《자율 신경에 좋은 일 완전정복》, 고바야시 히로유키(小林弘幸), 보물섬사(宝島社)(2021).
- 음료 개발, 0에 가깝기에 차에 붙은 '건강'이라는 부가가치, "'healthya 녹차'가 바꾼 사용자 의식". https://www.oricon.co.jp/special/60254/.
- 《뇌 내 마약, 인간을 지배하는 쾌락 물질 도파민의 정체》, 나카노 노부코(中野信子), 겐토샤신쇼(幻冬舎新書)(2014).
- 《멀리 떨어뜨리기의 법칙》, 나카야마 마코토(中山マコト), 프레지던트사(2018)
- 《긴초(金鳥)의 백년: 대일본제충국주식회사 백년사》, 대일본제충국주식회사사 편찬실 편저, 대일본제충국(1988).
- 《제충국과 모기향 : 우에야마 에이이치로(上山英一郎) 옹의 선견지명과 지역 산업에 대한 공헌》, 미사키 아키라(御前明良), 디자인북사(2020).
- 산학관 제휴 저널. https://www.jst.go.jp/tt/journal/journal_contents/2017/07/1707-06_article.html.
- 《향기의 과학은 어디까지 밝혀졌는가?》, 아오시마 히토시(青島均), 프레그런스 저널사(2007).
- 《도설 인체의 불가사의II, 오감과 생식의 소우주》, 니시나가 유(西永裕), 슈와 시스템(2018).
- 무슈겐(無臭元)공업주식회사. "가스 악취 전용 불만 대책 약제의 개발". https://www.mushugen.co.jp/

231

note_02/.

- 《황 화학의 선도자》, 나카야마 주조(中山重蔵), 씨엠씨출판(2007).
- 《도해 입문 쉽게 이해되는 최신 음향의 기본과 구조》, 이와미야 신이치로(岩宮眞一郎), 슈와 시스템(2007).
- 《맛과 거품 - 튀는 거품, 마른 거품, 겹친 거품, 침묵의 틈새》, 하타에 게코(畑江敬子), 고세칸(光生館)(2019).

3장 컴포트형 본능 스위치

- 《뇌 구조를 알 수 있는 책, '몸·감정·행동'과의 연결》, 가토 도시노리(加藤俊徳), 메이츠(メイツ) 출판(2021).
- 《거품의 생성 메커니즘과 응용 전개》, 노노무라 노시무라(野々村美宗), 씨엠씨 출판(2017).
- 《기능성 화장품 개발III》, 스즈키 마사히토(鈴木正人), 씨엠씨 출판(2007).
- 《일본 맥주 검정 공식 교재 2022년 5월 개정판》, 일반시단법인 일본백수문화연구회, 마이나비 출판(2022).
- 《시즐 디자인》, B·M·FT 어휘 랩, 세이분도신코샤(誠文堂新光社)(2017).
- 《흔들림의 발상 - 1/f 진동의 수수께끼를 파헤치다》, 무샤 도시미쓰(武者利光), NHK 라이브러리(1994).
- 《그래, 모닥불을 피우자, 잊히기 시작한 소중한 것들을 되찾는 모닥불 커뮤니케이션》, 미야케 데쓰유키(三宅哲之), 고키겐(ごきげん) 비즈니스 출판(2021).
- 《도해 친숙한 과학, 믿을 수 없는 진짜 이야기》, 와쿠이 사다미(涌井貞美), KADOKAWA(2018).
- 《도해 입문 쉽게 이해되는 최신 LED 조명의 기본과 구조》, 나카지마 다쓰오키(中島龍興), 후쿠다 요시코(福多佳子), 슈와 시스템(2011).
- 《결정판 색채 심리 도감》, 포포 포로덕션, 일본문예사(2020년)
- 《도해 입문 쉽게 이해되는 최신 음향의 기본과 응용》, 이와미야 신이치로(岩宮眞一郎), 슈와 시스템(2011).
- 도큐핸즈 힌트 매거진. https://hands.net/hintmagazine/kitchen/2011-shupatto.html.
- 《실천 행동경제학》, 리처드 탈러, 캐스 선스타인, 닛케이BP(2009).
- 《사람을 움직이는 마케팅 신전략 '행동 디자인 교과서'》, 하쿠호도 행동 디자인 연구소, 구니타 게사쿠(國田圭作), 스바루샤(すばる舎)(2016).
- 나리타 공항 제3터미널에 육상 트랙이 나타난 이유는? 크리에이티브 랩 PARTY 《이토 나오키(伊藤直樹)가 만든 '공항 디자인'》. https://news.mynavi.jp/techplus/article/20150408-lcc.
- 《아이와 즐기는 일본의 재미있는 잡학 500》, 세토샤(西東社)(2016).
- 《만짐의 과학》, 데이비드 J. 린든, 가와데쇼보신사(2016).
- 《래디컬 프로덕트 싱킹, 혁신적 소프트웨어 서비스를 창출하는 다섯 단계》, 라디카 닷(ラ
- ディカ・ダット), 쇼에샤(翔泳社)(2022).
- 《마케팅 최신 동향 조사 2020》, MarkeZine 편집부, 쇼에샤(2020).
- 《지니어스 영일사전 제6판》, 다이슈칸쇼텐(大修館書店)(2022).
- 《술과 안주에 관한 깊은 지식》, 주점 친구들의 모임. PHP 연구소(2009).
- 《술의 좁은 길, 소타쓰(宗達)식 일본주 입문》, 라즈웰 스즈키(ラズウェル鈴木), 일본문예사(2014).
- 《초(超) 선술집 입문》, 오타 가즈히코(太田和彦), 신초샤(新潮社)(2003).
- 《월간 ESP, Economy Society Policy》, 제1~12호 경제기획협회(2006).

4장 댐형 본능 스위치

- 《사람 뇌에는 버릇이 있다》, 고바야시 도모미쓰(小林明道), 신초신서(新潮新書)(2015).
- 《도서관 정보기술론》, 다나카 히토시(田中均), 세큐샤(青弓社)(2019).
- 《앞으로의 도서관 : 거리와 사람이 풍요로워지는 방법》, 다니이치 아야코(谷一文子), 헤본샤(平凡社)(2019).
- 《사람을 활용해 성과를 올리는 실천 동기부여 매니지먼트》, 일반사단법인 동기부여 매니지먼트협회, PHP
  연구소(2016).
- 《어서 사장이 돼라》, 이와타 마쓰오(岩田松雄),   고사이도(廣済堂) 출판(2013).
- 《지자체 직원을 위한 넛지 입문 : 어떻게 하면 바람직한 행동을 뒷받침할 수 있을까?》, 특정 비영리 활동 법
  인 Policy Garage, 공직연(2022).
- 《행동경제학의 구조》, 마카베 아키오(真壁昭夫), 세토샤(2022).
- 《손님을 사로잡는 '팔리는!' 심리학》, 나이토 요시히토(内藤誼人), 각켄플러스(学研プラス)(2009).
- 《작심삼일 방지 앱 '민차레' 팀원들과 습관화를 목표로》, 닛케이 MJ(2022.08.07. 게재).
- 《행동경제학 사용법》, 오타케 후미오(大竹文雄), 이와나미신쇼(岩波新書)(2019).
- 《매니저의 가장 중요한 일》, 테레사 아마빌레(Teresa M. Amabile), 스티븐 크레이머(Steven Kramer), 에이지(英
  治) 출판(2017).
- 《증보 개정판 기초부터 배우는 스포츠 트레이닝 이론》, 이토 마모루(伊藤マモル), 일본문예사(2017).
- 《디자이닝 데이터 비주얼라이제이션》, 노아 일린스키(Noah Iliinsky), 줄리 스틸(Julie Steele), 오라일리 재팬
  (2012).
- 《비즈니스 디자인을 위한 행동 경제학 노트, 편견과 넛지로 사용자의 심리와 행동을 디자인하기》, 나카지마
  료타로(中島遼太郎), 쇼에샤(2021).

5장 아날로그형 본능 스위치

- 《전자화폐 전쟁 Suica 독주의 비밀, 마법의 카드 개발 비화와 성공의 궤적》, 이와타 아키오(岩田昭男), 주케(中
  経) 출판(2005).
- 《인터랙션 디자인 교과서》, 댄 사퍼(Dan Saffer), 마이니치(毎日) 커뮤니케이션즈(2008).
- "'돈을 지불한 느낌'은 어떻게 디자인해야 할까?". https://goodpatch.com/blog/fintech-inte─ raction-
  design.
- 《어린이 중세사》, 사이토 켄이치(斉藤研一),   요시카와코분칸(吉川弘文館)(2012).
- 《도장 입문》, 시미즈 게지(清水啓之), 가타노 다카시(片野孝志), 호이쿠샤(保育社)(1991).
- 《사물과 금의 잡학 270종》, brilliant 출판(2020).
- 《도장과 일본인》, 몬타 세이치(門田誠一), 요시카와코분칸(2018).
- Goodpatch brog, https://goodpatch.com/blog/progress-indicator.
- 《자동차 기술 핸드북 제10분책 설계(EV・하이브리드) 편》, 사단법인 자동차 기술회(2011).
- 《SNS 변천사 '좋아요!'로 이어지는 사회의 앞날》, 아마노 아키라(天野彬), 이스트 프레스(2019).

- 《아키텍처 생태계 : 정보환경은 어떻게 설계되었는가?》, 하마노 사토시(濱野智史), 지쿠마(ちくま) 문고(2008).
- 《인터넷 문화론 - 그 변용과 현황》, 사쿠라바 다이치(櫻庭太一), 센슈(專修)대학 출판국(2010).
- "감정의 공유", "부담과의 전쟁"---니코니코 동영상의 기술. https://xtech.nikkei.com/it/article/COLUMN/20071211/289262/.
- "Touch-flavor transference:Assessing the effect of packaging weight on gustatory evaluations, desire for food and beverages, and willingness to pay", Kristina Kampfer, Alexander Leischnig, Björn Sven Ivens, Charles Spence, PLOS ONE(2017). https://journals.plos.org/plosone/article?id=10.1371/journal.pone.0186121.
- 《'단단함', '묵직함'과 소비자 의사결정 – 신체 인지 이론에 기초한 고찰》, 도가와 다쿠(外川拓), 이시이 히로아키(石井裕明), 박재우(朴宰佑), JAPAN MARKETING JOURNAL Vol.35 No.4(2016). https://www.jstage.jst.go.jp/article/marketing/35/4/35_2016.016/_pdf/-char/ja
  《심리학 뭘드 98호 소특집 '질감과 감성 소통에 중요한 온도감각'》, 호신니(何昕霓), 일본심리학회(2022).
- 《유통의 기초 텍스트》, 우에무라 야시오(植村八潮), 유통협의회(2014).
- 《미래 UI 교과서 - 유저 인터페이스 설계 입문》, 가와마타 아키라(川俣晶), 기술평론사(2013).

6장 세리머니형 본능 스위치

- 《NAOTO FUKASAWA》, 후카사와 나오토(深澤直人), 파이든 프레스사(2014).
- 《A life with MUJI》, 스기모토 다카시(杉本貴志), MUJI BOOKS(2018).
- 더 인터뷰, "후카사와 나오토 '디자인을 생각하기에 앞서'", https://www.designstoriesinc.com/special/tsuji-interview_naoto_fukasawa2/.
- 《'여드름'을 귀엽게 꾸미는 패치가 MZ세대에게 대인기!》, TABI-LABO(2020). https://tabi-labo.com/293466/wt-starface.
- 《미국 브랜딩 사례! 여드름 패치가 MZ세대를 사로잡고 있다?》, Ys AND PARTNERS(2021). https://ysandpartners.com/jp/blog/us-branding-casestudy-acne-patches-and-generation-z.
- 《D2C '세계관'과 '테크놀로지'로 이기는 브랜드 전략》, 사사키 야스히로(佐々木康裕). 주식회사 뉴스픽스(2020).
- 《ELLE》, 2021년 7월호.
- 《최신 화장품 과학 개정 증보》, 일본화장품기술자회 편저, 약사일보사(1988).
- 《립 화장품의 과학》, 시바타 마사시(柴田雅史), 일간 공업신문사(2012).
- 레퍼런스 협동 데이터베이스, https://crd.ndl.go.jp/reference.
- CYAN, https://cyanmag.jp/1131.
- 자외선 환경 보건 매뉴얼 2020 환경성 https://www.env.go.jp/content/900410650.pdf.
- 《아름다운 노이즈》, 다니지리 마코토(谷尻誠), 요시다 아이(吉田愛), 주부의 친구사(2021).
- 《간장 책》, 다카하시 만타로(高橋万太郎), 구로시마 게코(黒島慶子), 겐코샤(玄光社)(2015).

- 《잠자는 뇌는 감기에 걸리지 않는다》, 이케타니 유지(池谷裕二), 후소샤(2022).
- 《정신과 의사가 발견한 세 가지 행복》, 가바사와 시온(樺澤紫苑), 아스카신샤(飛鳥新社)(2021).
- 《나도 모르게 시험해 보고 싶어지는 만화 심리학 1학년》, 사이토 이사무(齊藤勇), 보물섬사(2022).
- 《만화로 깨우치는! 남자아이에게 '대단해', '훌륭해' 소리는 하지 마라》, 다케우치 에리카(竹内エリカ), 주부의 친구사(2017).
- 《아이들에게 효과적인 영양학》, 나카무라 테지(中村丁次), 마키노 나오코(牧野直子), 일본문예사(2018).
- 《'엄마의 애정 부족이 원인'이라는 말을 들었을 때 읽는 책》, 소다 데루코(曽田照子), 주케 출판(2012).
- 《아이의 재능을 키우는 5세까지의 마법의 '일'》, 오카야마 아미(丘山亜未), 청춘 출판사(2022).
- 《교양 취급설명서, 심리학》, 요코타 마사오(横田正夫), 일본문예사(2016).
- "How to get the most from Together mode", Microsoft, https://techcommunity.microsoft.com/t5/microsoft-teams-blog/how-to-get-the-most-from-together-mode/ba-p/1509496.

에필로그

- 《배움을 결과로 바꾸는 아웃풋 대전》, 가바사와 시온, 생크추어리 출판(2018).

집필자 소개

나카가와 유(中川悠)
소비자 체험 크리에이티브국
히트 습관 메이커스 리더
전략 CD
대학에서 이공학부를 졸업하고 제조업체 엔지니어로 휴대전화 설계에 종사했다. 그 후 하쿠호도로 이직했다. 현재는 전략 CD로서 광고뿐 아니라 상품 개발 및 앱 개발 등 폭넓은 영역의 크리에이티브 감독을 맡고 있다. 휴일에는 신사에 가서 지친 심신에 '기운'을 불어넣는다. 좋아하는 신사는 지치부시에 있는 미쓰미네 신사.

가네다 아야카(金田彩佳)
간사이 지사 비즈니스 디자인국
히트 습관 메이커스 / 마케팅 플래너
2017년 하쿠호도에 입사해 식품·소비재·제약 등 다양한 업계의 커뮤니케이션 기획 및 상품 개발, 브랜딩 등을 담당했다. 건강, 뷰티 관련과 아이돌이 최대 관심 분야다. 아이돌의 라이브 공간처럼 많은 이가 행복을 실감하는 순간을 만들어 내고자 매일 분투 중이다.

스즈키 고지(鈴木康司)

소비자 체험 크리에이티브국

히트 습관 메이커스 / 전략 CD

2007년 하쿠호도에 입사해 전략 CD로서 전략부터 전술까지를 일관되게 감독했다. 해외 거주 경험을 살려 글로벌 브랜드 및 기업의 해외 전개와 일본 시장 진출 프로젝트에 다수 참여했다. 유행 아이템만 보면 모조리 달려든다. 휴일에는 집에서 아이돌 DVD 보기를 좋아한다(주로 쟈니스(現 스마일 업)).

야마모토 겐타(山本健太)

소비자 체험 크리에이티브국

히트 습관 메이커스 / 혁신 플래너

2017년 하쿠호도에 입사한 이후, 전략과 크리에이티브의 통합 기획을 무기로 브랜드 디자인 및 커뮤니케이션 개발을 담당했다. 국내외 다양한 문화에 대한 흥미를 살려서 새로운 생활 문화를 키우는 작업에 날마다 분투 중이다. 최근 관심사는 야생 회귀. 여행과 사진, 음악을 지극히 사랑한다.

구스다 유키(楠田勇輝)
간사이 지사 마켓 디자인 비즈니스 추진국
히트 습관 메이커스 / 혁신 플래닝 디렉터
2011년 하쿠호도에 입사해 커뮤니케이션 영역뿐 아니라 신규 사업 출범, 빅데이터를 활용한 데이터 드리븐 업무, 상하이 하쿠호도의 실무 등 사업 측면의 플래닝에 힘쓴 통합 마케터로 일해왔다. 휴일에는 캠핑이나 스노보드 등 아웃도어 레저를 즐기고 한신 타이거즈를 각별히 사랑한다.

나가이 다이치(永井大地)
홋카이도 하쿠호도 통합 플래닝국
히트 습관 메이커스 / 혁신 플래너
대학 졸업 후 고향으로 돌아가 홋카이도 하쿠호도에 입사했다. 마케터로 커리어를 시작해 하쿠호도 본사를 거쳐 현재에 이른다. 수단을 가리지 않고 전략 입안부터 사회 적용까지 뛰어드는 만능 플래너다. 휴일에는 소비자 인사이트를 발굴하기 위해 언더그라운드와 메인스트림을 불문하고 밤낮으로 거리를 배회하고 다닌다.

우에쓰키 히카루(植月ひかる)

제1 BX 마케팅국

히트 습관 메이커스 / 마케팅 플래너

2017년 하쿠호도에 입사해 다양한 상품·서비스를 대상으로 플래
닝부터 브랜딩, 상품 개발까지 폭넓게 담당했다. 최근에는 자신
이 좋아하는 음악 관련 업무까지 영역을 확대 중이다. K팝 아이
돌에 빠져 있고 매운 것을 매우 좋아해서 장기 휴가는 대체로 한
국에서 보낸다.

나카바야시 마미(中林磨美)

소비자 체험 크리에이티브국

히트 습관 메이커스 / 마케팅 플래너

2021년에 하쿠호도에 입사해 식품·통신·가전 등의 영역을 담당
하며 전략 입안과 기획 제안을 맡았다. 캐릭터가 가진 힘을 믿고
캐릭터 마케팅에 힘 쏟고 있다. 휴일에는 모르는 지역에 가서 빈
둥거리기를 즐긴다. 지브리 작품과 야쿠자 영화를 즐겨본다. 수
호신은 개구리.

본능 스위치

1판 1쇄 인쇄 2024년 10월 24일
1판 1쇄 발행 2024년 11월 6일

지음 하쿠호도 히트 습관 메이키스
옮김 정문주

발행인 양원석 **편집장** 차선화 **책임편집** 김재연
디자인 디스 커버 **영업마케팅** 윤송, 김지현, 이현주, 유민경
해외저작권 이시자키 요시코

펴낸 곳 ㈜알에이치코리아
주소 서울특별시 금천구 가산디지털2로 53, 20층(가산동, 한라시그마밸리)
편집문의 02-6443-8863 **도서문의** 02-6443-8800
홈페이지 http://rhk.co.kr
등록 2004년 1월 15일 제2-3726호

ISBN 978-89-255-7442-4 (03320)